絵馬に願いを

岩井宏實

二玄社

目次

Contents

コラム

絵馬の歴史

京都・粟島堂

絵馬の起源

「絵馬」はその文字と言葉からしても、馬とのかかわりのきわめて深いことが想像される。日本人は古くから神霊は乗馬姿で人界に降臨するものと信じ、馬を神聖視していた。だから、祭の神幸に神輿が登場する以前は、神霊の依代《よりしろ》たる鏡をとりつけた榊を馬の背に立ててしたのが普通であった。このように馬が神座の移動に必須のものならば、神事、祈願にさいして馬を捧げることは当然であった。この献馬の風習は崇神天皇の時代からであると、『常陸国風土記』はいう。

その後も日蝕の回復儀礼として伊勢大神宮に赤毛の馬を献じたり、風雨をしずめる呪術として荒ぶる神に馬を献じたり、雨乞いに黒毛の馬、日乞いに白毛の馬を丹《に》生《う》川《かわ》上《かみ》社《しゃ》や貴《き》布《ふ》祢《ね》社《しゃ》の雨師の神に献じる風が続いた。

この生馬献上の風とともに、一方では、生馬にかわって土馬・木馬などの馬形を献上する風も生まれた。そこからさらに馬形をも造り得ないものが馬の絵を献上することになり、ここに絵馬が誕生したのであった。そうした絵馬の遺品はすでに奈良時代に見ることができる。

平安時代になると神仏習合思想が普及し、観世音菩薩も乗馬姿でこの世に示現されたなどの説が広まった。そうしたことから仏に馬の絵馬を奉納してもなんら不思議ではなくなり、平安時代末期以来、著名な寺院にも絵馬が広く奉納された。

それらの絵馬は今日の小絵馬のような小型のもので、もっぱら馬の絵で、

福岡・櫛田神社の山笠（Y）

徳島地方（T）

共同体の共同祈願に奉納されたものであった。室町時代に至って、扁額形式の大絵馬が現れるが、民間信仰的要素を強くもつ小絵馬が主流をなし、それも個人祈願、ことに現世利益を求めるものが多くなった。

絵馬の図柄

小絵馬の奉納の意味や内容が多様になるのは、江戸時代も文化・文政の頃であった。この時代は『願懸重宝記』という書物が市井の人々に迎えられ評判を呼んだ。それと相俟って小絵馬奉納の習俗が広まっていくなかで、庶民の機知に富んださまざまな図柄や洒落た図柄も生まれたのであった。

画題も馬の図のほか、神仏像、神仏の持ち物や眷属《けんぞく》、神仏の依代や祭具などを描いたもの、祈願者の礼拝姿、祈願の内容、干支など実にバラエティーに富んでいる。この中でもっとも図柄の豊富なのは、祈願内容を描いた図である。

もともと小絵馬を奉納する習俗は、教団や教理のうえでの組織をもたない呪術宗教的な信仰、いわゆる民間信仰を基盤として伝承され慣習化されたものである。そして、神仏に対する願掛けは、他人にあからさまにできない事柄がきわめて多い。そのため、参詣者の少ないときに、人知れずひっそりと願掛けに赴いたものである。そこに絵馬の「匿名性」の意味があった。したがって、本来の絵馬は願文も氏名もいっさい書かず、ただ「寅歳女」「辰歳男」というように、祈願者の干支と性別のみを記した。それで神仏は願掛けの事柄を知ってくれるものと信じた。すなわち、神仏と人間とのコミュニケーションが成り立っていたのであった。

絵馬屋の看板

絵馬師

絵馬、ことに小絵馬は、もともと祈願者自身が心のうちなる思いを図像として具現化して描いたのであった。それを同じ悩みをもって願掛けするものが共感し、そうした人々のあいだに広まって共通の理解がなされ、その図像のアイディアとパターンが定型化され伝統的に共有され、さらに慣行的に伝承されたのであった。

そうすると祈願者に代わって絵心のある人がその図を大量に描き、祈願者はそれを買って奉納するようになる。ここに絵馬師、あるいは絵馬屋と称する市井の絵師・画工たちが大きな役割を果たすことになる。なかには江戸の絵馬屋東斎のように、もと上野寛永寺の御用絵師から分かれた絵馬屋もあるが、もとは凧屋、玩具屋、提灯屋など絵心を必要とする職人や、蒔絵師などの絵職人が片手間に絵馬を描き、需要の増大によって、しだいに絵馬専門の絵師になったものも少なくない。

その描法は、概して墨・胡粉・黄土・丹・群青・緑青など安価な彩料が選ばれた。直接板に描いたものが多いが、手の込んだものでは、まず木地に胡粉か黄土を全面に塗って下地をつくり、その上に黒い線で輪郭を描き、彩色を施すのが描法の一つの型になっている。地方によっては彩料に特産の漆を用いた。

絵馬の形状

絵馬の形状は大きく分類して屋根型のものと四角型のものに分けられる。屋根型のものは、屋根の部分に薄い板を合掌に貼付け、垂木《たるき》を出した形にし、

埼玉・聖天院（M）

奈良・中和地方（T）

それを黒く塗ったものがもっとも丁寧であるが、普通は長方形の板の上辺を屋根型に切り、屋根の部分に直接墨を塗ったり、五辺の周囲を墨で額縁様に塗ったり、さらに簡略にして、単に五辺形の板を用いたものもある。

　四角型のものでは、四角の板の周囲に別の板を額縁様に貼付け、それに墨を塗ったものがもっとも手の込んだものである、枠に色を塗らないもの、さらに上辺の二隅を切り落としたものなどもある。

　形状はそれぞれに正方形・横長・縦長がある。さらに詳細にみると三十数種類以上にもなる。

　それらの形状を地方別にみると、関東地方は概して、黒枠の縁の出ている屋根型が多く、薄板が使われている。関西は屋根型が少なく、原板の四角型とくに横長のものが多くみられ、京都の絵馬は一般に横長の長方形の板に幅広の額縁を作り付けたものが多く、奈良では原板の周囲を墨で黒く塗って額縁様に見せかけたものが多い。

絵馬の現在

　混沌の兆しを感じさせる世情になると、人々は絵馬に心を寄せる。いまも絵馬は静かなブームを呼んでいる。そのため新奇の図柄の絵馬も、印刷技術の発達にともなって多量にお目見えする。片や江戸時代以来の伝統的な味わいのある図柄の手書き絵馬は影をひそめている。しかしいまそうした絵馬にかえって懐かしさを覚える。だがそのなかにはもはや奉納社寺を知ることのできないもののあるのは心残りであるが、いま改めて目にすることもそれなりに意味があろう。

茨城・笠間稲荷神社絵馬祭

幸せを願って

馬

諸願成就

絵馬といえば、馬の図が原点。絵馬の草創から今日に至るまで馬の図が画題の主流を占める。その図はそれぞれの地域によって、独特の構図、筆法が創造され、そうして生まれた絵馬は、独特の雰囲気をかもしだして人々の心を和ませる。

伊勢の山の神に奉納した、一筆書きのように力強い線をもって描象的に描いたもの。大和各地の氏神に奉納した、背の飾り布の裾を一直線に靡かせて駆ける白馬を、軽妙なタッチで描いたもの、あるいは京都の粟島堂や東北地方の各社に奉納された、奔放に駆ける姿を描いたもの、静かに歩む親子馬など実にバラエティーに富む。

その趣旨は、神を迎えて祈るという根源的なものから、子供の成長を馬に託して祈るなど、さまざまな願いが込められている。また、東北から関東にかけての馬産地帯では、馬頭観音をはじめ、馬を守護してくれるという神仏に、馬の無病息災を祈って絵馬を授かり、厩《うまや》に掛けて御守りとするなど、その願いも多様で奥深い。

三重・伊勢地方

京都・粟島堂

岩手・駒形神社（M）

徳島地方（T）

徳島地方（T）

青森・津軽三十三観音（M）

徳島地方（T）

東京地方（T）

東京地方

奈良・中和地方

岩手・駒形神社（M）

岩手・駒形神社（M）

岩手・駒形神社（M）

岩手・駒形神社（M）

岩手・駒形神社（M）

尉《じょう》と姥《うば》

長寿

尉と姥の絵馬。賞美に値する図柄である。根元に竹笹をあしらった、緑鮮やかな松の木を真ん中にして、尉と姥が向き合って微笑んでいる。いわゆる「高砂」の場面である。それは住吉の松の精と高砂の松の精が夫婦であるという説話を素材とし、天下泰平を祝福する能で、謡曲の名ともなり、婚礼の席でよく謡われる。

そうしたことから、良縁を得て夫婦になると長寿を全うできるように、この図柄の絵馬を氏神に奉納するようになった。奈良ことに中和地方で「お前百まで、わしゃ九十九まで」と共白髪にあやかる。この図はまた時代とともに地域によってアレンジされ、面白みのあるものになった。

なお、尉は杷（熊手）、姥は箒を持つが、ともに霊魂を掻き寄せる呪具である。それによって集めた新たな霊魂を自らの霊魂と合体させ、強力な霊魂にすることによって長寿を得ようと願うのである。

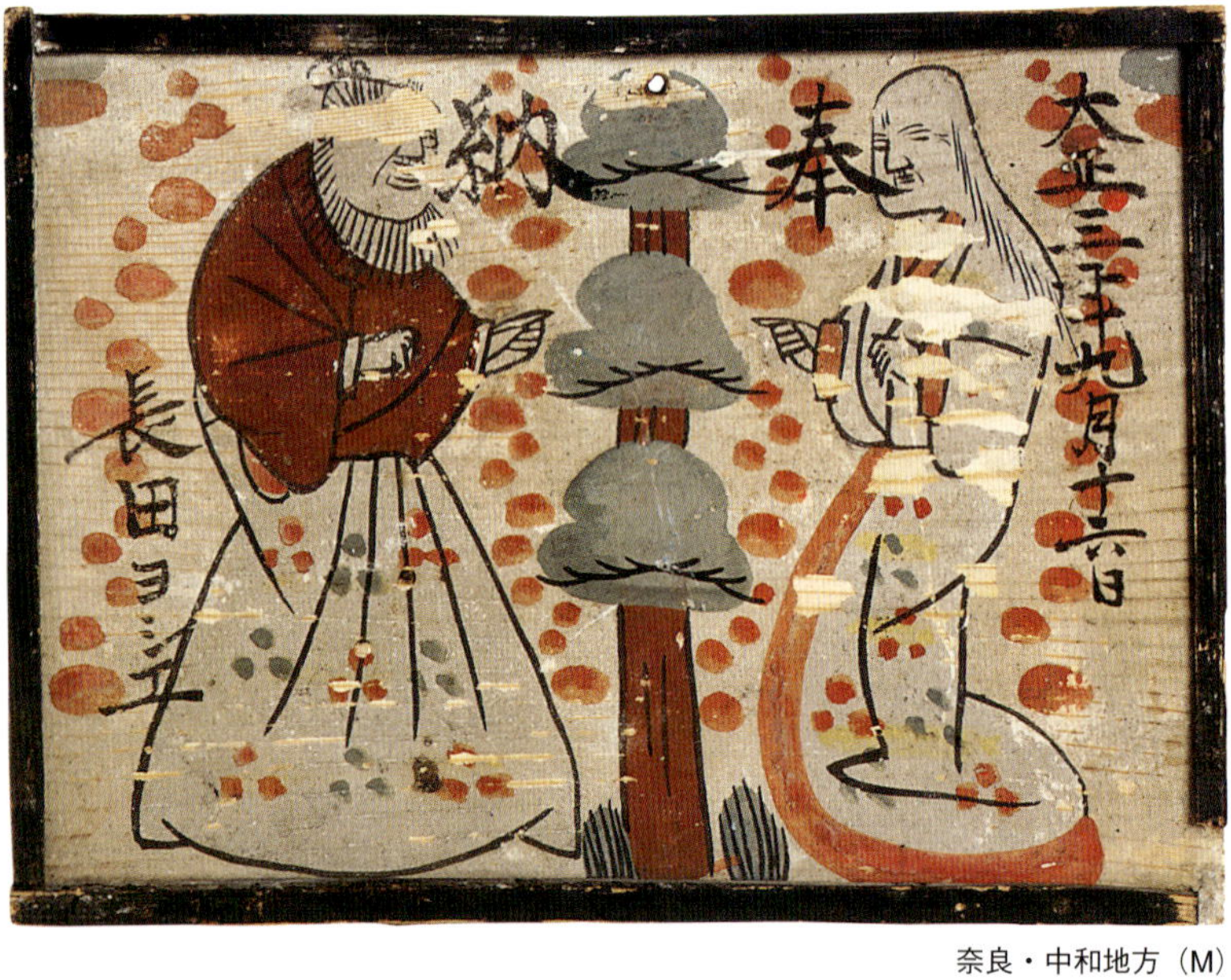

奈良・中和地方（M）

奈良・中和地方（T）

奈良・中和地方（T）

奈良・中和地方（T）

奈良・中和地方（T）

向い天狗・天狗

魔除け

二つの天狗面が向かい合った「向い天狗」の絵馬は、右の方が赤顔の大天狗、左の方が青面の烏天狗で、赤い幕で白菊の紋の図柄のものは、埼玉県岩槻の大六天社から授かり、火難除け、魔除けとして軒先に吊るしてお守りとしたり、青竹に挟んで田畑に立てて豊作を祈る。飯能の白峰神社には、同じ図柄の絵馬をあげて、魔除け、厄除けを祈願した。

和歌山地方には、白地に墨で天狗をかたどり、鼻だけは朱で塗りつぶした図の絵馬がある。埼玉の秋葉神社には「向い天狗」だけでなく、大きな火伏団扇を持った天狗の絵馬が、火難除けの祈願にたくさん奉納された。

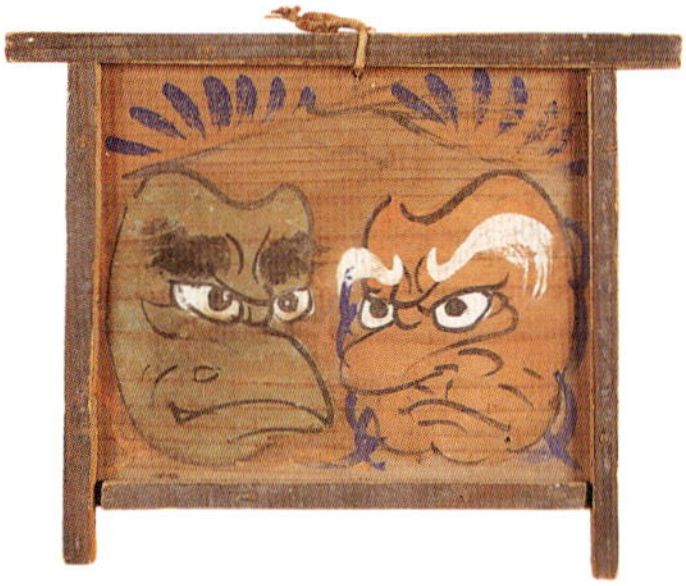

埼玉・大六天社（T）

埼玉・白峰神社

和歌山地方

七つ面・七面天女・毘沙門天

福授け

福を授けてくれると信じられる特異な神に七面様（七面大明神）がある。もともと日蓮上人が身延山久遠寺を開くとき、山奥に護山の神として祀《まつ》られ、後に日蓮宗寺院の境内に多く祀られた。上部に三面、下段に四面と二列に七面が描かれる。一般には愛福・財福が授かるという。千葉の成田地方では軒守りとして吊るされる。

毘沙門天は金甲を身にまとい、右手に塔を捧げ、左手に鉾を持ち、白雲に乗って立つ姿が描かれ、なかには拝む姿を配した図柄もある。毘沙門天は福を授け、戦捷をもたらしてくれる福神とされ、七福神の一神に数えられている。

千葉・七面大明神

千葉・七面大明神（H）

千葉・佐原毘沙門

不動尊・不動の剣

魔除け・火難除け

不動明王は、一切の煩悩を焼きつくす徳相をあらわす大火焔の光背、悪魔を降伏させる青黒い忿怒《ふんぬ》の形相、貪欲、瞋恚《しんい》、愚痴の三毒を切り払う剣を右手に持ち、どんな難伏者でも切り伏せ降伏させずにはおかぬということを、左手の羂索《けんじゃく》で示す姿をしている。降魔と火難除けに御利益があると信じられているが、長寿と子供の強く育つことも祈願される。

尊像ではなく、不動明王の持ち物である宝剣だけを描く絵馬もある。緑色の柄をつけた白い剣が赤い瑞雲に乗る図、上片隅に幕が垂れ、下に宝剣が二本並ぶ図など平凡な構図であるが、降魔の剣、すなわち力強い魔除けの呪符として信仰される。

東京・深川不動

東京・深川不動（Y）

大阪・滝谷不動

奈良・初瀬地方

埼玉・与野不動尊（K）

大阪・北向不動

東京・西新井不動（K）

男の拝み・女の拝み

秘め事祈願

祈願者自身の礼拝姿を描いた絵馬は、一般に「拝み絵馬」と呼ばれ、どんな神仏にも、どんな場合でもかまわず奉納できるもっとも普遍的な絵馬である。ざっと五、六十種の図柄があるが、大別すると、男の拝み、女の拝み、男女の拝み、子供の拝み、母子の拝みがある。

たいていは画面の向って左をむいて拝む姿であるが、関東のものは大体において左側に大きく拝殿を見せ、関西のものは社殿を左に描いているが、木蓮格子を描いたり、鳥居を描いたりしている。なかには瑞雲に乗った御幣を拝む図もある。御幣《ごへい》は神霊の宿る依代である。なお、金毘羅様への拝みは金幣を拝む構図になっている。金幣が金毘羅神の依代であり、象徴とされているからである。

跪《ひざまず》いて合掌する人物、古い時代のものはチョン髷姿、丸髷姿、羽織姿などあって懐かしく、ときに剽軽に描かれていて面白い。一般には子供に関しての願い事か、下の病平癒の願掛けなど、往々にして公開を憚るような願いが多いため、祈願者以外の者には気付かず、神仏のみが祈願者の意図を察してくれるように配慮して描かれている。

大阪地方

栃木・香取神宮（Y）

大阪・空合地蔵尊（M）

千葉・成田不動尊（Y）

奈良・興福寺一言観音（T）

千葉地方（Y）

奈良・興福寺一言観音（T）

小児の拝み・母子の拝み

秘め事祈願

拝み絵馬は、何事の願いでも託することができ、老若男女さまざまな拝みの図柄がある。多くは他人には知られたくないような秘めたる願いだという。したがって願意を知ることができない。しかし、神前に額づく姿に敬虔さがうかがえる。

だが、縁切の神様として知られる菊野大明神に奉納された母子の拝みの絵馬は、妻が夫の不行跡を嘆き、夫の情婦と夫の仲を裂くための祈願、あるいは願いが成就したとき、御礼に妻が子供とともに拝んでいるさまを描いたのである。

大阪地方

大阪・空合地蔵尊（T）

大阪地方（T）

大阪地方（T）

東京・塩竈神社（M）

大阪地方

大阪・空合地蔵尊（M）

鳥居

家内安全・諸願成就

鳥居を描く絵馬もある。社頭・参道の入口に建てられ、神域を標示する重要な鳥居を描くことによって、願いが神に通じるようにというのである。背景に荘厳の森を描くもの、鳥居の前に鏡餅や宝珠を描くもの、時には鳥居に鳥が止まるまさに鳥居の語源に因む図もありさまざまである。いずれも諸願成就・家内安全を願うものである。

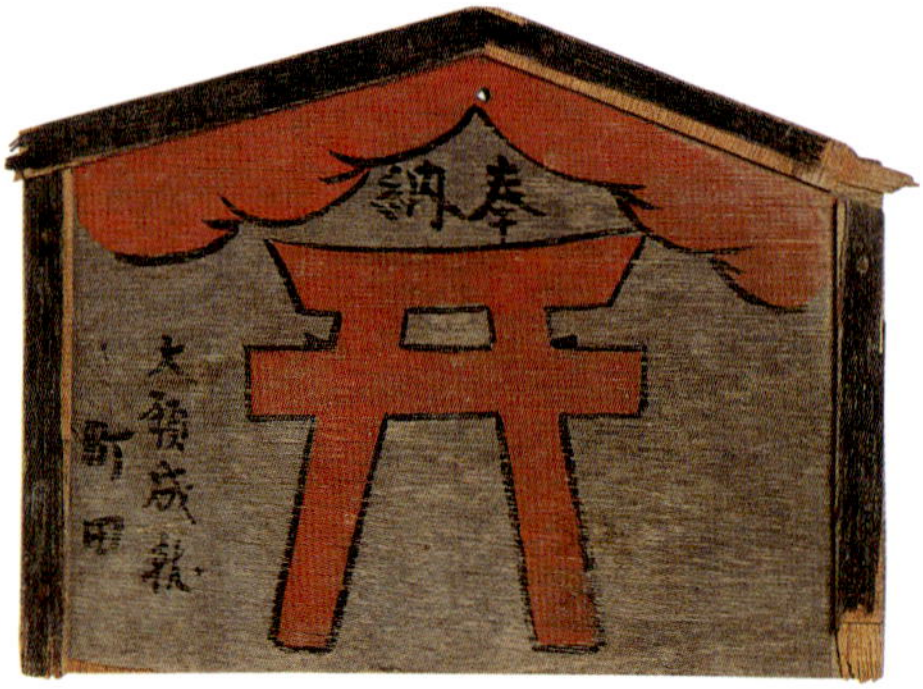

埼玉・秩父神社（M）

栃木地方（M）

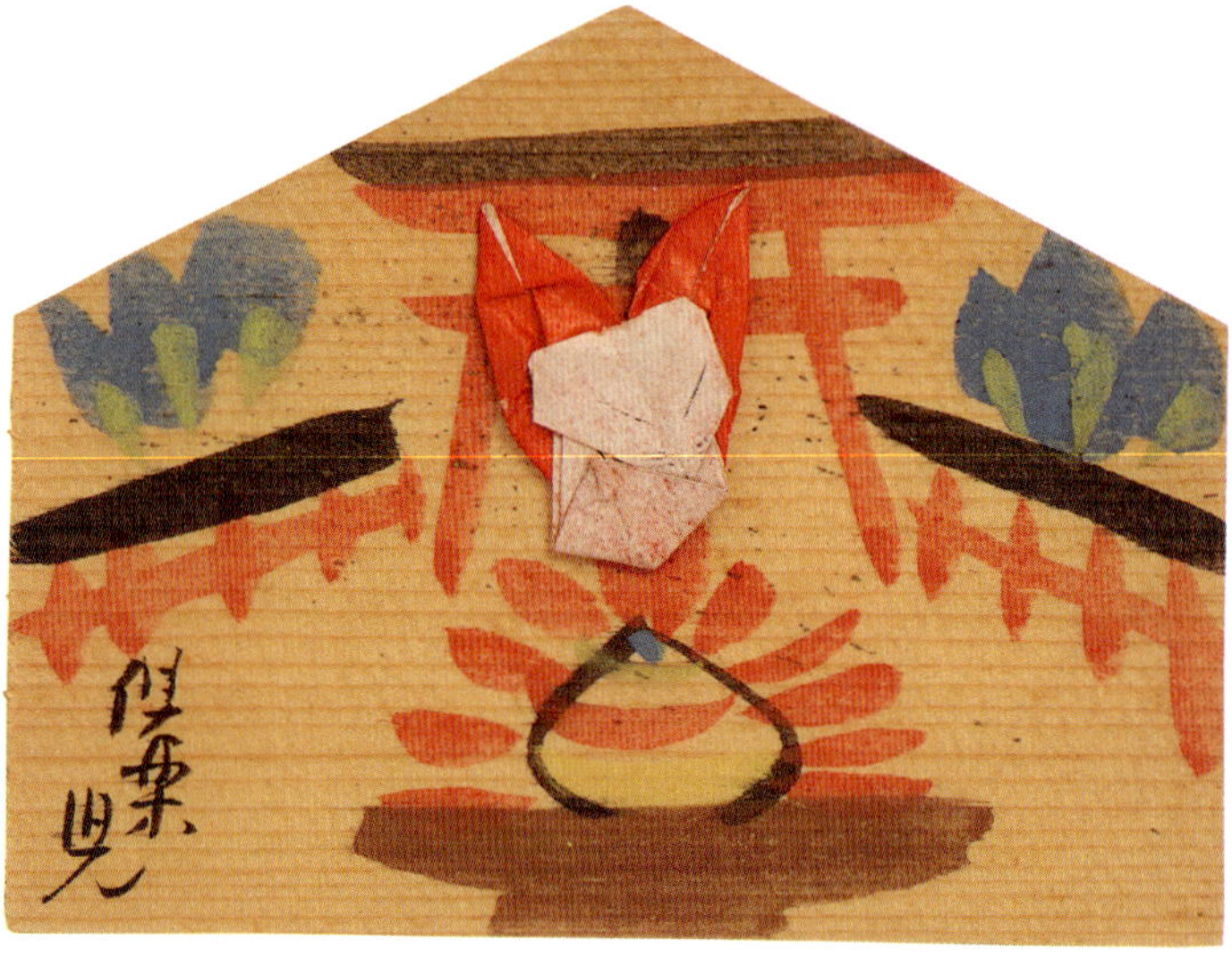

栃木地方（Y）

山笠

疫病退散・諸願成就

絵馬には神霊の依代《よりしろ》・祭場・祭礼を描くものもある。その一つに博多山笠図絵馬がある。博多の櫛田神社の夏の大祭は古来九州最大の祇園祭として知られている。この祭りでとりわけ有名なのは山笠と呼ぶ高さ五三尺余りに及ぶ据え山車六基を出すことで、そのため祭の名称も「祇園山笠」と呼んでいる。この山笠は移動神座であり、その豪華さを絵馬に描いて奉納して、疫病退散・諸願成就を祈願するのである。

福岡・櫛田神社（Y）

福岡・櫛田神社（T）

福岡・櫛田神社（Y）

◆絵馬祭

行列が町内を廻り、絵馬を回収する。

回収した絵馬を集め、お焚き上げ。

茨城県・笠間稲荷神社

茨城県笠間市笠間一

初午は稲荷神が降臨された日というので、稲荷神社の縁日とされている。江戸時代から、初午の日に稲荷神に絵馬を奉納する風があり、絵馬行商が絵馬を売り歩き、それを買い求めて、奉納したものである。そうした故事に因んで笠間稲荷神社では、旧暦の初午の頃に絵馬祭がおこなわれている。当日は大絵馬や山車、稲荷の神使である狐の行列、囃者の絵馬行列がおこなわれる。

この日の前日までに、軒守としての絵馬が氏子に配られ、各家ではその絵馬を榊に付けて軒先に取り付け、稲荷神の加護を祈る。前年の古い絵馬は神社に持参し、それを火にあげる絵馬炎上祭がおこなわれる。

◆奈良絵馬

奈良県・興福寺・一言観音

奈良県奈良市登大路町四八

奈良の興福寺は和銅三年（七一〇）に平城京左京三条七坊に創建された。その後天皇や皇后または藤原氏によって次々に堂塔が建てられ、その中の一堂宇である一言観音は、観世音菩薩の名号を心から唱え、一言すなわち一件だけ祈念すると必ず叶えて下さると広く信仰され、そのさい数々の絵馬が奉納されて多くの人々の共感を得た。その絵柄は「奈良絵馬」としての特色をもつ。かつては大量に奉納されたが、今日では「親子の拝み」を主にひっそりと奉納されている。

東京・大国魂神社絵馬市

五穀豊穣（牛馬安全）・商売繁盛・諸芸上達

向い狐

五穀豊穣・商売繁盛・子授け

江戸時代から稲荷神に対する信仰が急速に広まり、江戸の町では「町内に伊勢屋稲荷に犬の糞」といわれるまでになった。稲荷神はもともと穀物神であったが、商売繁盛に御利益ある神とされ、さらに機業地では織物業の繁栄の神ともなり、ときに生殖に御利益があるなど、その信仰は多様となる。この稲荷の神使が狐であると信じられてきた。

そのため稲荷神に願掛けするときは、狐の図の絵馬を奉納した。多くは「向い狐」で、二匹の狐の真ん中に三方に載ったお鏡餅を描いたものは五穀豊穣、宝珠を描いたものは商売繁盛を祈ったもの。狐が口に錠前をくわえている図がある。これも蔵の扉を開け閉めするということで、五穀豊穣、商売繁盛祈願ともいうが、狐は穴に住んだところからの発想で、生殖の象徴とされ、鍵は子宝の蔵を開けるためのものだともいわれる。

なお、秩父の三峯神社の向い狐の絵馬は、長い尾をたれた写実的な図で、盗難除け祈願である。

兵庫・淡路福良稲荷

山梨・稲積神社

神奈川・箱根神社（Y）

埼玉地方

東京・笠森稲荷（M）

埼玉地方（T）

東京・笠森稲荷（M）

三猿

五穀豊穣

中国の道教では、干支の庚申に身を慎んで夜を徹すると、長生きをするという信仰がある。この庚申の申が猿の信仰と結びつき、猿を神使とする山王二十一社権現の信仰とも連なり、もっぱら猿は庚申の神使と考えられるようになった。我が国では猿は農作の神、福の神として広く信仰される。大阪四天王寺の庚申堂、京都八坂の庚申堂、東京浅草の庚申堂をはじめ、各地の庚申堂や庚申塚に猿の絵馬がたくさん奉納された。

多くは三猿の図で、人生の禍根は不善を見ず、耳に邪淫を聞かず、口に不浄を唱えざるによって、断たれるという仏教的な見地から、「見ザル、聞かザル、言わザル」の三猿が描かれる。三猿が向かい合って坐るもの、三猿が正面向いて坐るもの、それを彩色したもの、一筆書きのようなタッチで描いたものなど、愉快な絵が多く心を和ませられる。なお、上に赤や青の幕を張り、赤、青、緑などの腹掛をした猿を描いたものもある。

大阪・四天王寺庚申堂

東京・浅草庚申堂（Y）

東京・中野庚申堂

大阪・四天王寺庚申堂

埼玉・聖天院（M）

蛇

商売繁盛・諸芸上達

蛇は弁天様の神使とされ、各地の弁天様には蛇の絵馬をあげて病気平癒を祈願する風があるが、弁天様はまた芸道上達にも御利益があるといい、京都の御所弁天には芸道上達を祈願してあげた絵馬が多い。

蛇はまた諏訪神社や聖天様の神使ともいい、埼玉の飯能や熊谷地方の諏訪神社には、白蛇がとぐろを巻き、鎌首をもたげている図の絵馬がよくあげられた。なかには宝珠をあしらった図もある。白蛇は蚕を食べる鼠の害を防いでくれるといい、養蚕地帯では豊蚕祈願に奉納される。宝珠は財宝を象徴するものである。

大きな白蛇が生首にとぐろを巻くグロテスクな図もある。白蛇はウカガミと称し宇賀神とされた。宇賀神は穀霊神、福神さらに弁財天とも習合して、中世以来信仰された神で、頭上に老人あるいは美女を頂いた姿であり、この図は宇賀神の神像図ともいわれる。

東京・世田谷

埼玉・聖天院（M）

埼玉・聖天院（T）

埼玉・聖天院（M）

青森地方（T）

神奈川・宇賀神社（M）＜条平内＞

東京地方（Y）

◆絵馬市

東京都・大国魂神社

東京都府中市宮町三ー一

五月五日の例大祭は、俗に「闇夜祭」といわれ、神霊が闇夜に御旅所に神幸されることで知られた。この日「絵馬市」と称し、大国魂大神に捧げられる絵馬をはじめ、祭具が売り出される。

埼玉県・上岡観音

埼玉県東松山市松葉町一ー一ー五八

妙安寺境内に祀られる馬頭観音は、関東三大観音の一つとして世に知られ、馬の守護神として崇められている。毎年二月十九日の例大祭には盛大な絵馬市が立ち、千疋馬や大小さまざま、たくさんの馬の図の絵馬が売り出される。この絵馬を買い求めて奉納し、飼馬の安全を祈願するのである。

岐阜県・松倉観音

岐阜県高山市松倉山二一四七

　飛騨高山では松倉観音の縁日の八月九・十日に絵馬市が開かれる。本尊馬頭観音は市内の素玄寺に安置されていて、縁日には、本尊が松倉山の松倉観音堂に遷座され、夜を徹して法要が営まれる。

　この間、素玄寺と松倉観音堂、絵馬の版元であった八軒町の池本屋、さらに高山城主金森頼直の愛馬山桜を葬り祀った山桜神社で絵馬市が立つ。

　この松倉絵馬は一名傘紙という飛騨の和紙に描き、全紙大のものから畳一枚くらいの大きさのものもある。

東京・鬼子母神

子孫繁栄

蛤・粂《くめ》平《へい》内《ない》

縁結び

大阪の住吉大社境内に祀られるおもと社は、縁結びの神として有名である。ここに縁づきの遅い娘をもつ母親が、蛤の絵馬をあげて願を掛ける。貝が合わさって閉じるところから、結合を意味するのだという。

東京の浅草寺山門内に祀られる粂《くめ》平《へい》内《ない》堂《どう》に、俗にフミツケ塚というのがあって、そこに粂平内の像を描いた絵馬が掛けられた。粂平内は、生前女性をいためつけたが、懺悔して死後自分を葬った塚を踏み付けてくれと言ったという。それがフミツケ、文付け、すなわち恋文を届けるとされ、恋のとりもちの神となって、良縁を得るために祈願されるようになった。

大阪・住吉おもと社

東京・浅草寺粂平内堂（K）

東京・浅草寺粂平内堂（K）

幣《へい》持猿

安産祈願

猿は山王様と呼ばれ、日吉神社の使いと信じられ、日吉神社の御神体として祀る社もある。御幣《ごへい》は神霊の宿る依代であるので、それを奉持する猿そのものも聖なるものとして、幣持猿が描かれた。この猿が烏帽子《えぼし》をかぶっているもの、さらに御幣をかついで馬に乗るものなど、さまざまな図柄がある。一般には安産祈願とされるが、猿を馬の守護神とする信仰があり、乗馬姿のものは、馬の安全祈願とされる。

福岡地方（Y）

埼玉・今福庚申堂（H）

桃持猿

子授け・安産祈願・婦人病平癒

「桃持猿」の絵馬は多い。桃は陽春において精気溌剌たるところから、魔除け、厄除けの呪力をもつとともに、桃の実の形が陰陽同体という解釈から、生殖力、生産力の強まることを意味するとし、さらに桃の実を女性の性器になぞらえて、桃の実を猿に持たせた図が描かれた。そして子供のないものは、その絵馬を抱いて寝ると子供に恵まれるともいう。猿は山王（日吉神社）の使者と信じられ、庚申の信仰とも結びついて信仰されているところから、全国各地の山王様や庚申様に奉納され、子授けの祈願がなされた。

徳島地方（T）

埼玉・三ツ木神社

東京地方（S）

東京地方（M）

静岡地方（Y）

静岡・日切神社

東京・浅草寺庚申堂（S）

埼玉地方（T）

違い大根

夫婦和合

聖天様（大聖歓喜天）は、生殖神とされ、左手に大根、右手に歓喜団子を持っている。大根は人間の味がするといわれ、違い大根が聖天様の紋になっている。こうしたところから、大根を禁食して「違い大根」の絵馬を奉納して、夫婦和合・福利増進を祈願する。奈良生駒山聖天、東京浅草待乳山聖天、埼玉飯能聖天の絵馬がよく知られる。

福島地方（M）

埼玉・飯能聖天（K）

東京・待乳山聖天（S）

重ね餅

夫婦和合

違い大根同様、三方に載せた鏡餅の絵馬も、二重ねというところから、夫婦和合を祈願して奉納される。

茨城・加波山神社（Y）

群馬地方（Y）

栃木・宇都宮地方（M）

鰻・飛魚

夫婦和合・家内安全

鰻は、かつては京都下京の三島神社の神使というので、氏子はことごとく鰻を禁食し、祈願のときは鰻の絵馬を奉納した。鰻二尾が交叉している図と、三尾が平行に並んでいる図がある。二尾交叉の図は夫婦和合、三尾平行の図は夫婦及び子供の安泰を祈願する。

この神社は安産の神としても信仰されているので、妊娠すると、安産の願を掛け、子供が生まれると絵馬を奉納する習俗がある。そのときの絵馬は三尾平行図である。鰻はまた虚空蔵様の神使とする信仰もあり、夫婦和合、子授け祈願に虚空蔵菩薩に鰻の絵馬が奉納される。

飛魚は京都の今熊野剣神社の神使だといい、やはり氏子は飛魚を禁食して、飛魚の絵馬をあげて祈願する。墨の細い縁どりに、淡彩を施した図が多く、飛魚二尾が並んでいるもので、夫婦和合のかたちだという。祭神伊邪那岐《いざなぎ》、伊邪那美《いざなみ》の二神が範を垂れられた象徴とされている。

京都・三島神社

京都・三島神社

東京地方（T）

京都・三島神社

京都・今熊野剣神社

京都・今熊野剣神社（H）

柘榴

子授け・安産祈願・夫婦和合

鬼子母神は千人の子をもつ母であったが、他人の子を取って喰うので、釈迦如来が鬼子母のもっとも愛していた末の子を鉄鉢の中にかくしてしまった。愛児を失って鬼子母は、他人の子を取る非をはじめて悟った。そこで、釈尊に説諭されて、子を返してもらい、以後、仏法守護の善神となったという。

鬼子母神は多産であるところから、子供の欲しい者が願を掛ければ子供を授けてくれるという。柘榴は人間の味がするといい、また、いっぺんにたくさんの実を生むところから、柘榴図絵馬をあげて子授けを祈願する。白の下地に、茶色の柘榴がぱっと開き、中に真っ赤な実がこぼれそうに盛り上がっているという構図。一見稚拙に思えるが、実に大胆な表現である。新しいものになるほど写実味をおび、かつての京都下鴨の鬼子母神の絵馬だと、もう写生画になってしまっている。

奈良・鬼子母神

東京・鬼子母神（M）

京都・鬼子母神

東京・鬼子母神

京都・鬼子母神

東京・鬼子母神（M）

◆子授けと縁結びの神社

【子授け】

東京都・鬼子母神（法明寺）

東京都豊島区雑司ケ谷三ー一五ー二〇

東京・雑司ケ谷の鬼子母神は、羽衣をまとい頭には瓔珞をつけ、吉祥果を持ち、楊枝を抱いた菩薩形の美しい姿であることで知られる。安土桃山時代から安産・子育の神としての信仰が広まった。

なお、雑司ヶ谷鬼子母神の境内には、金剛不動尊を安置する法不動堂、妙見堂、大黒堂、武芳稲荷堂が祀られ、民間信仰の一空間を形成しており、樹齢七百年といわれる大公孫樹《おおいちょう》がその雄姿を誇る。そこに至る参道には樹齢四百年の欅並木が続く。

柘榴の絵馬

【縁結び】

島根県・出雲大社

島根県出雲市大社町杵築東一九五

出雲大社は大国主大神《おおくにぬしのみこと》を祭神とする。大国主大神は稲羽素兎《いなばのしろうさぎ》の説話にみられるように慈悲深く、また不撓不屈に数々の難儀をも堪え忍ぶ実直な神徳をもって葦原中国《あしはらのなかつくに》を開拓経営した神とされている。

近世以来、縁結びの神としての信仰が広まり、祈願者が後を絶たない。そして神馬舎をはじめ絵馬掛け所に、男雛女雛を模した絵馬が所狭しと奉納される。

女雛・男雛の絵馬

東京・湯島天神

子供の成長

乳しぼり

乳授け

幼児をかかえた婦人で、乳のでない人は授かりに、乳の余る人は預けにまいってあげる絵馬は、関西地方に多い。大阪・四天王寺の布袋堂、京都・日野法界寺の乳の弁財天、奈良・興福寺の一言観音、淡路島洲本の乳薬師などは有名である。この絵馬には、いろいろの構図があって、実に面白い。ことに四天王寺布袋堂の絵馬は秀逸で、丸髷の婦人が襟をはだけて乳を出している図、さらに子供がそのさまを見て、歓喜雀躍している図、子供を抱いて乳を飲ませている図など、実にバラエティーに富んでいて、見ていて吹き出しそうになる愉快な絵ばかりである。

これらの絵馬は、一般に「乳しぼり」と呼んでいるが、その祈願内容によって、「乳貰い」あるいは「乳預け」と区別している。

大阪・四天王寺布袋堂

大阪・四天王寺布袋堂（M）

大阪・四天王寺布袋堂

大阪・四天王寺布袋堂

大阪・四天王寺布袋堂（Y）

大阪・四天王寺布袋堂

大阪・四天王寺布袋堂

小児入浴・母子入浴

入浴嫌い

奈良、興福寺南円堂の横に、線香の絶えることのない堂がある。世に一言観音と呼ぶ。一言すなわち一事だけはかならず願いを叶えてくれるという。近在近郷はもちろん、他国からの祈願者も多いが、なんといっても育児に関する祈願が多い。

昔は入浴嫌いの子供がとても多く、親にとって頭痛の種であった。入浴嫌いが治るように、小児入浴図や母子入浴図の絵馬をあげて願を掛けた。竿にきものを掛けた下で、子供が一人盥につかって、手ぬぐいをもてあそびながら微笑む図は、このようにありたいという願いがにじみ出ている。幼児が母親にすがって五右衛門風呂に入っている図は、ほのぼのとした温かさを伝える。

奈良・興福寺一言観音（S）

奈良・興福寺一言観音

奈良・興福寺一言観音

奈良・興福寺一言観音

奈良・興福寺一言観音

奈良・興福寺一言観音

月代《さかやき》

散髪

昔は、月代すなわち散髪を嫌う子供も多かった。剃刀で頭を剃ることは、子供はたいへん嫌がったので、親達にとって子供の月代は厄介なものだった。

関西では、非常に厄介な仕事の終わったときに使う言葉に「坊さんの月代」というのがあるのも、そのことを物語っている。

この月代嫌いを治すために、子供が素直に月代してもらっている図の絵馬を奉納する。手桶を前に子供がおとなしく坐り、父親に大きな剃刀をあててもらい、毛を受けている図、しおらしい子供の姿がよく描かれている。

大阪の住吉には、月代地蔵というのがあって、子供の月代嫌いを治してくれるというので、この種の絵馬がたくさん奉納された。京都の黒谷熊谷堂は、平安末・鎌倉前期の武将熊谷直実が剃髪したところという故事に因んで、この種の絵馬がたくさん奉納された。いずれもその姿態はさまざま、ほのぼのとする図柄である。

大阪・住吉月代地蔵

大阪地方（T）

奈良・興福寺一言観音

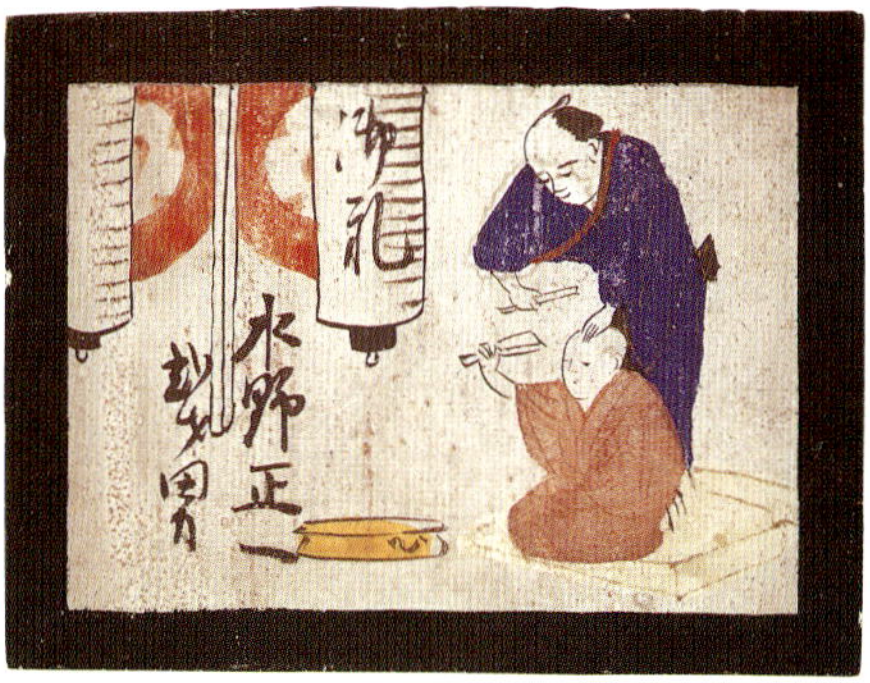

大阪・住吉月代地蔵

奈良・興福寺一言観音

地蔵尊

夜泣き・寝小便・癇の虫

地蔵尊はもっとも親しみ深い仏で、殊に子供の安泰を守ってくれるという信仰が厚い。したがって、安産・子供の夜泣き・寝小便・癇の虫・迷子など、子供の生育にまつわるさまざまな祈願がなされる。その際、地蔵の尊像を描いた絵馬を奉納することが普遍的である。

また、地蔵様は現世利益にもっとも霊験があると信じられ、子安地蔵のほか、夜泣き地蔵、延命地蔵、機織地蔵、とげ抜き地蔵、釘抜き地蔵などあらゆる祈願内容に応じた名が冠せられて信仰され、それぞれに地蔵尊像図絵馬が奉納される。その地蔵尊像の描き方もまたバラエティーに富んでいる。

埼玉・地蔵堂

埼玉・地蔵堂（T）

東京地方（Y）

埼玉・地蔵堂（T）

埼玉・地蔵堂（T）

埼玉・地蔵堂（T）

埼玉・地蔵堂（T）

梭《ひ》

技芸上達

梭の図を描いて技芸、ことに機織り上達を祈るのは、桐生・足利地方の風習であった。機を上手に使いこなすことは、機業地の女性にとってもっとも重要なことであった。また、梭は鋭い先端をもち、これで突かれて死んだ織女があったという伝説もあり、梭は女性にとって神聖なものの一つであったことからこの図が生まれた。

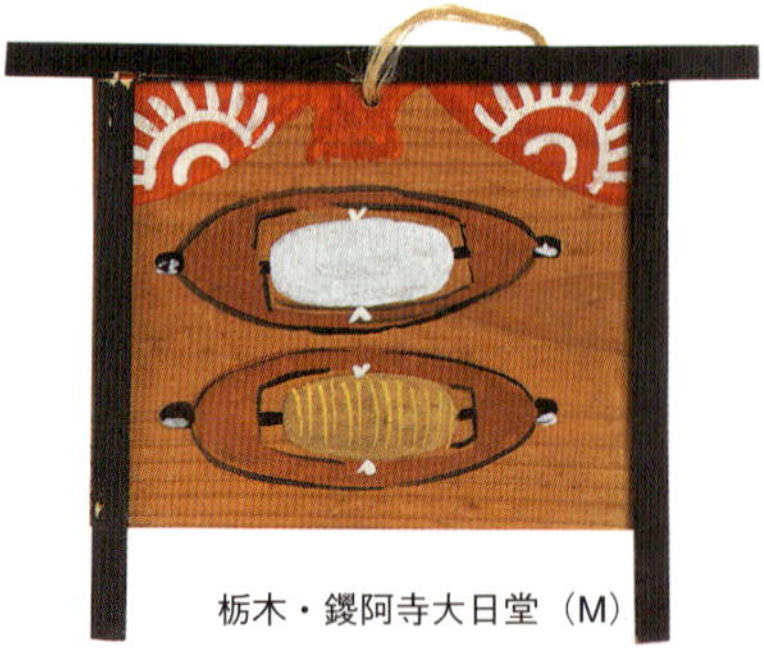

栃木・鑁阿寺大日堂（M）

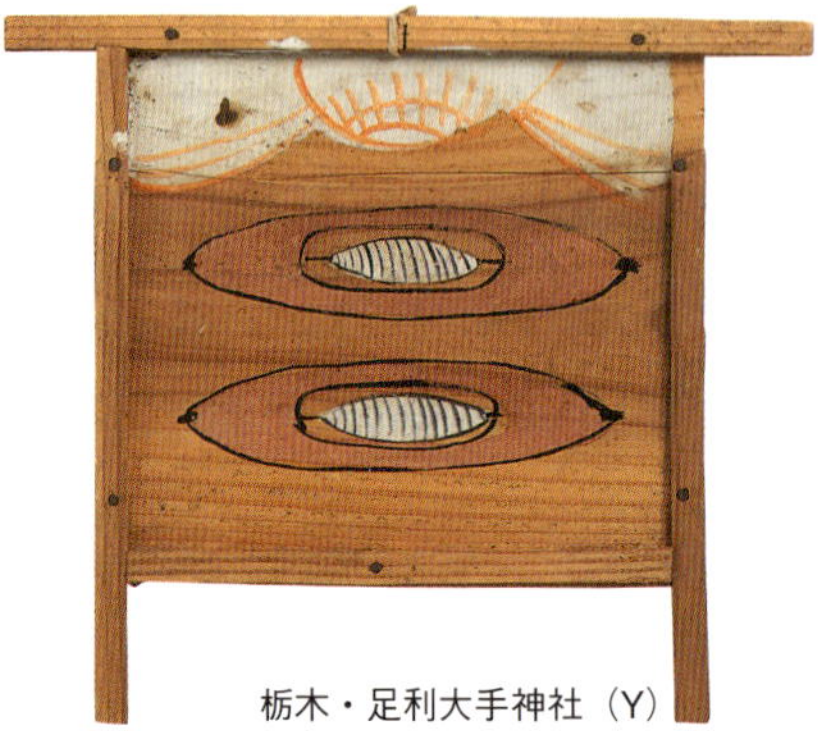

栃木・足利大手神社（Y）

栃木・足利大手神社

天神様

学業成就

天神様といえば、菅原道真を祭神として信仰している。梅鉢の紋、黒衣に冠・笏《しゃく》・太刀と型通り描かれるのが普通である。菅原道真は文神だから、学業上達の祈願に奉納するが、菅公は雷神を駆使する神だと信じられていて、古くは雷除けに奉納したようである。なお「居眠り天神」と称して、菅公が居眠りしている図のものもある。それは居眠りしていてもすべて理解できるという菅公の智恵はすばらしい、それにあやかりたいというのであろう。

東京地方（Y）

埼玉地方（T）

群馬・天満宮（Y）

◆学業と芸能成就の神社

【学業成就】

東京都・湯島天神

東京都文京区湯島三－三〇－一

天神様は学業上達を加護してくれる神様として広く信仰されている。全国に天神様を祭神とする著名な神社は多いが、なかでも首都に鎮座する湯島天神社には学業上達、ことに入試合格を祈願する者あとを絶たず、したがって奉納される絵馬もおびただしい。

富岡鉄斎画

【芸能成就】

京都府・車折《くるまざき》神社
京都府京都市右京区嵯峨朝日町二三

平安時代後期、院政期の儒学者清原頼業を祭神とする車折神社は、学問上達加護の神社として信仰を集めている。

神社から祈願神石一個を賜って神前に供え、さらに自家に持ち帰って神棚に祀り、祈願成就のうえは御礼の石を一個添えて神前に奉納する習わしになっている。

境内に祀られる芸能神社は、わが国芸能の祖師とされる天宇受売命《あめのうずめのみこと》を祭神とする。そのため諸芸能上達加護の神社として信仰を集めている。なお、近代日本画の巨匠富岡鉄斎が車折神社の宮司を務めたこともあって、鉄斎画の追儺《ついな》図絵馬が厄除けの護符として授与される。

東京・成就院（蛸薬師）

病気平癒

牛

瘡平癒・家運隆盛・学業成就

牛の絵馬に託する願いもさまざま。子供にとって皮膚病の瘡は厄介なもの。瘡《くさ》を草になぞらえて、牛に食わせて平癒してもらおうと、青草を食っている黒い牛を画面いっぱいに描いた絵馬が、奈良興福寺の一言観音や大阪四天王寺境内の俗に牛様という石神堂に奉納される。ここではまた、牛の強力さにあやかって、家運隆盛を願って牛の絵馬があげられることもある。

牛はまた、学問の神様と信仰される天神様（菅原道真）の神使と信じられるところから、牛の絵馬を奉納して学業上達を祈願する。京都の北野天満宮をはじめ、各地の天神様に牛の絵馬が奉納されるが、牛の姿態はさまざまである。

奈良・興福寺一言観音

大阪・四天王寺石神堂（T）

大阪・四天王寺石神堂

大阪・四天王寺石神堂（Y）

大阪・空合地蔵堂（M）

青森・津軽地方（T）

愛知地方（T）

鶏

不眠・夜泣き・鳥目・眼病平癒

子供の夜泣きにもまた困ったもの。夜泣き封じには鶏の絵馬をあげる。黒毛の尾を大きく開き、鶏冠をいからせ、にらむような目をした雄鶏、向こう側にこれとは反対に、柔和な面相の雌鶏が並ぶ。厳めしさと穏やかさを対照的に描き出したみごとな絵柄である。鶏は夜に鳴かないというところから、鶏のように夜泣きしないでほしいとの祈願であるが、鳥目というところから、夜盲症平癒の祈願にもあげた。

埼玉県のみみだれ観音の絵馬は、親鶏雄雌二羽と雛三羽が描かれている。これは昔から理想の家族構成であったので、こうした家族になるように子宝を得たいとの祈願だが、小児の夜泣きの治るように祈願して奉納することもある。

名古屋の大須観音の鶏の絵馬はやや筆致が異なり、祈願内容も眼病平癒だけになっている。

奈良・一言観音

青森地方（T）

愛知・大須観音

栃木・庚申堂（Y）

東京地方（T）

宮城・荒神様（M）

愛知・大須観音

向かいめ・八つ目・十六目

眼病平癒

眼の悪いものがよくなるように、祈願して奉納する絵馬に「向いめの字」がある。「め」の字が二つ向かい合っている図で、たいていは薬師様にあげられる。薬師様は十二大願の第一である光明普照を表徴したもので、なかなか着想のすぐれた構図である。また、両眼を描いたもの、眼の形を八つ描き、眼の隈を赤く彩って病んだ眼にしたものもある。眼が八つあるのは四人分という意味ではなく、「病む眼」の意味を通じさせるものである。十六眼、四十眼は八眼の倍数である。

埼玉・川越薬師（M）

栃木・足利地方

東京地方

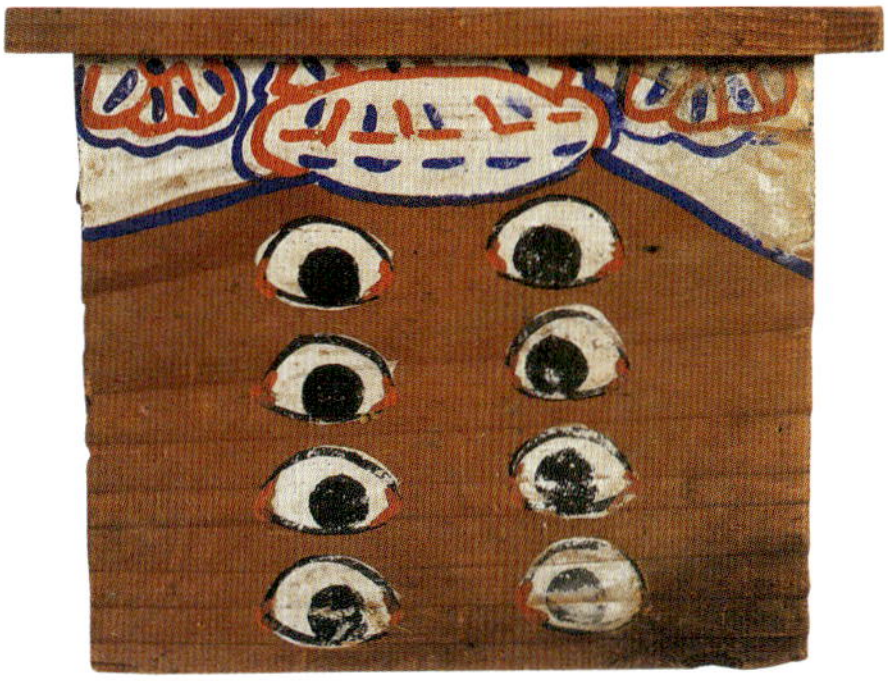

栃木・足利地方（M）

東京・薬師堂

栃木・薬師堂

東京地方（T）

田螺・鯖・鰯

眼病平癒・中毒除け

田螺が二つニョキッと、人間の眼玉をむいた恰好に配した着想の奇抜な図柄もある。ツブ（螺）とツブラ（眼）をかけたもので、爛々とした眼になるようにとの祈願で、埼玉の菅谷田螺不動によくあげられた。

鰯の図もある。鰯を食うと眼が悪くなるという俗信から、鰯を禁食して、眼病平癒を祈願して奉納する風習が、足利の鑁阿寺《ばんなじ》境内の大日堂や、茨城・境町の一言明神にあった。鯖も鮮度が落ちるとすぐ眼玉が白くなるところから、鯖を交叉させた図をあげて眼病平癒、中毒除けを祈願した。東京の鯖稲荷にそうした絵馬が奉納された。

埼玉・菅谷田螺不動

東京・鯖稲荷

栃木・鑁阿寺大日堂

逆松

逆睫毛平癒

図柄がすっきりとしいていて簡単明瞭、しかも機知に富んだ絵馬に「逆松」がある。和歌山の和歌浦や有田地方には有名な老松がたくさんあるが、そのなかの逆松様と呼ばれる松に、白地に濃緑で逆さの老松を描いた絵馬をあげると、逆睫毛が治るといわれる。東京でもこれに似た絵馬があるが、逆睫毛とは限らず、柿《こけら》落としとか、開店、結婚などの待事成就の折に掛けることもあったという。待つを松にかけた語呂合わせからきているらしい。

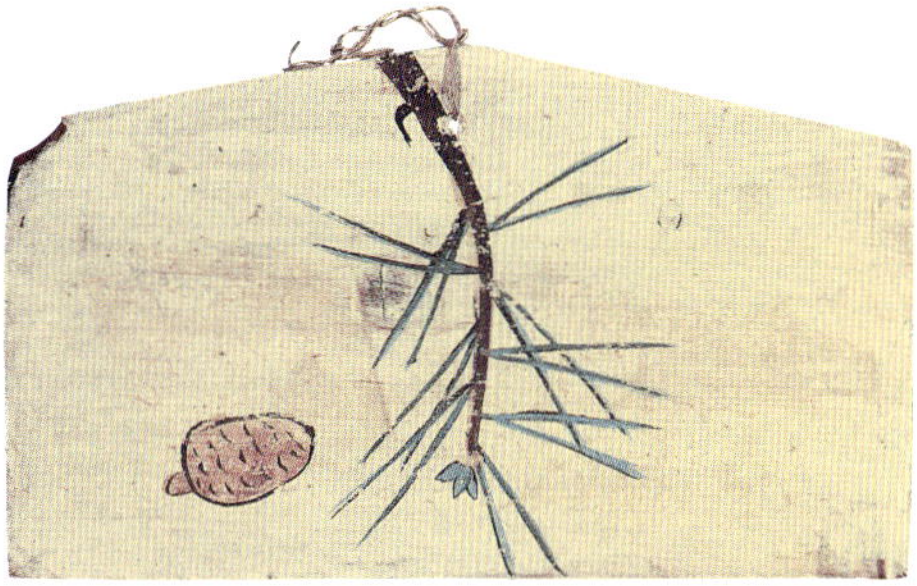

和歌山・和歌浦

和歌山・和歌浦

相撲

容貌端麗

白膚の力士と赤膚の力士が、土俵の上で四つに組んでいる図の絵馬がある。それは白膚の方が勝つように、すなわち容色がよくなるようにと、婦人自らのために、また娘のために奉納する。白色は源氏の旗色であるところから、多くは源氏の守護神とされた八幡様にあげたという。後には容色だけでなく、顔の病すべての平癒にこの絵馬一枚ですませるようになったという。

埼玉・和田神社

埼玉・和田神社（T）

仁王様・鬼神様

悪霊退散

いまは仁王様の絵馬は珍しいが、かつては東京から茨城にかけて見られた。仁王様は山門出入の悪霊を退散させる金剛力士であるところから、力量上達の神とされて、仁王図絵馬が奉納された。

　埼玉県比企郡嵐山町の鬼鎮神社では、正月に「鬼神様」という絵馬が授与される。この地方一体に軒守として民家の軒先に吊るされる愛嬌ある鬼である。右が赤鬼、左が青鬼で、上に赤幕があったり、鬼鎮の焼き印を押したものもある。

東京・練馬地方（Y）

埼玉・鬼鎮神社（Y）

埼玉・鬼鎮神社（M）

錨噛み・蟹・錨

歯痛平癒・男の足止め

錨の絵馬の一つに、錨噛み図がある。丸髷の婦人が大きな錨を噛んで構えている図で、なかなか面白い。錨は船が動かぬように繋ぎ止めるものなので、歯の動きが止まり、錨のように固いものでも噛める程強い歯になるようにとの意味だという。大阪の本田妙見に奉納された。

なお、錨だけを大きく描いた図もある。それは花柳界の女性が、よい旦那の足止めに、他所で沈没しないようにと願掛けした絵馬で、東京日本橋の水天宮などに奉納された。なかなか洒落た図柄で思わず微笑まされる。

蟹の絵馬には病気平癒祈願、安産・生育祈願などいろいろの願いが託されるが、歯痛平癒祈願が特徴的である。蟹は甲羅が固いので食べると歯を痛めることがあるが、それほど固い甲羅でも食べられるほど強い歯になるようにと、歯の弱いものが三年間蟹を禁食して祈願すれば、歯を強くし、また歯痛を治してくれるといい、御礼に年の数だけ蟹の絵馬をあげる風習が、福岡の御勢大霊石神社や、徳島・小松島の立石聖天宮や日の峰神社に奉納された。

大阪・本田妙見

福岡・大霊石神社（T）

徳島・日の峰神社（T）

徳島・日の峰神社（T）

徳島・日の峰神社（T）

東京・水天宮（Y）

鳩

肉刺《まめ》・癇の虫平癒

鳩は八幡様の神使とされていて、各地の八幡様に鳩の絵馬が奉納される。鳩は豆を拾って食べるところから、手足に肉刺ができたとき、鳩に食べてもらって早く治るようにと、鳩の図の絵馬を奉納する風が各地にある。また、子供の癇の虫のときにも、この絵馬をあげて祈願するという。なお、鳩はいたって夫婦仲がよいということから、「向い鳩」「夫婦鳩」などの絵馬を奉納して、夫婦仲のよくなることを祈願する。その際、八幡様の八の字に因んで、二羽の鳩が向かい合った図柄の絵馬も多い。

東京・各地八幡宮（T）

東京・各地八幡宮（K）

群馬地方（Y）

片手・双手

手の病・相場

足利の大手神社は、その社名からも手の病を治してくれる神様と人々は信仰してきた。両手を行儀よく並べた「双手」や、片手を描いた「片手」絵馬がたくさんある。だがこの神様への祈願は手の病平癒だけではない。この地方は古くからの機業地であるため、投機的取引も盛んにおこなわれた。相場を張るには双手の働きが大事であった。そのため双手絵馬を奉納して、相場に成功することも祈願した。

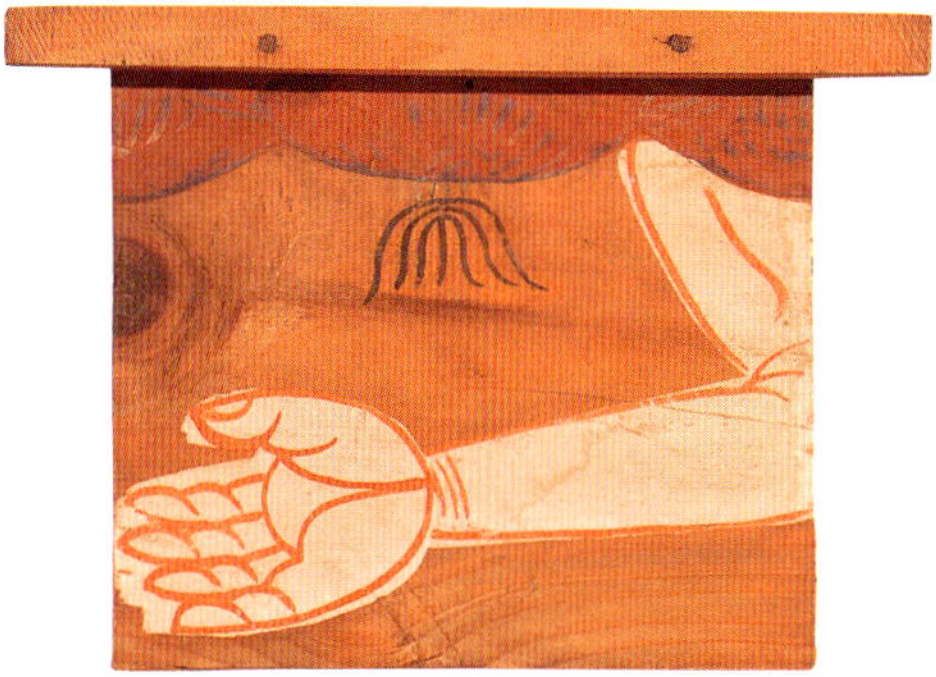

埼玉・足利大手神社

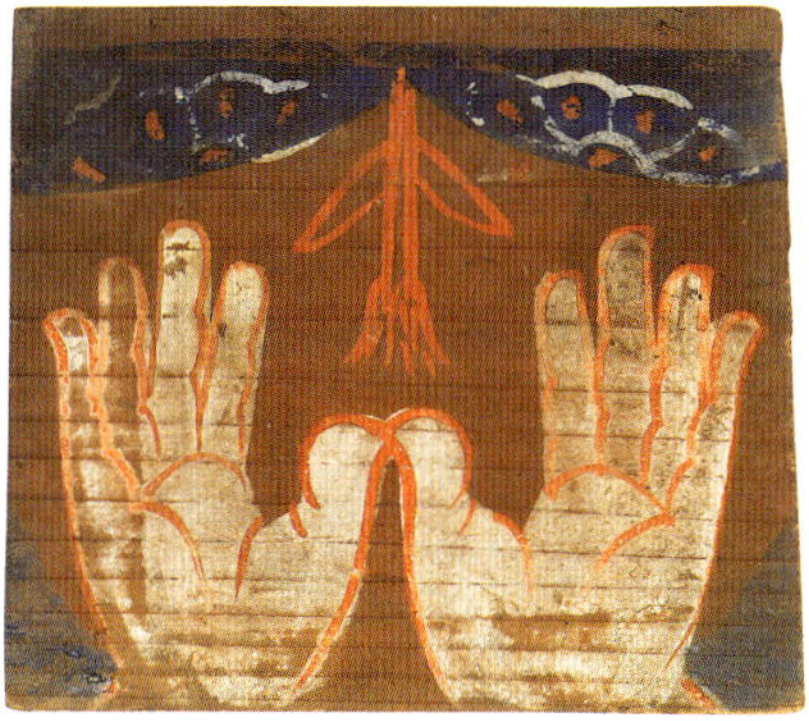

栃木・足利大手神社（M）

栃木・足利大手神社

栃木・足利大手神社

鎌と籠・鎌

腫れ物

瘡や腫れ物の平癒祈願に、瘡《くさ》を草になぞらえて、このように刈り取ってくださいという意味で、二本の草刈鎌を交叉して描いた図や、草を籠に盛り上げて二本の鎌を添えた図の絵馬が奉納された。東京牛込の草苅薬師や、かつて大阪の東区餌差町の円珠庵境内に祀られた鎌八幡の絵馬がよく知られた。鎌八幡は昔、真田幸村が戦勝を祈願して自ら幹に鎌を打ち込んだという古榎が、僧契沖（江戸時代の国学者一六四〇―一七〇二）の草庵である円珠庵にあったところから、それを鎌八幡と称して祀られたのだと伝えられる。

東京・草刈薬師（Y）

東京・草刈薬師

大阪・鎌八幡

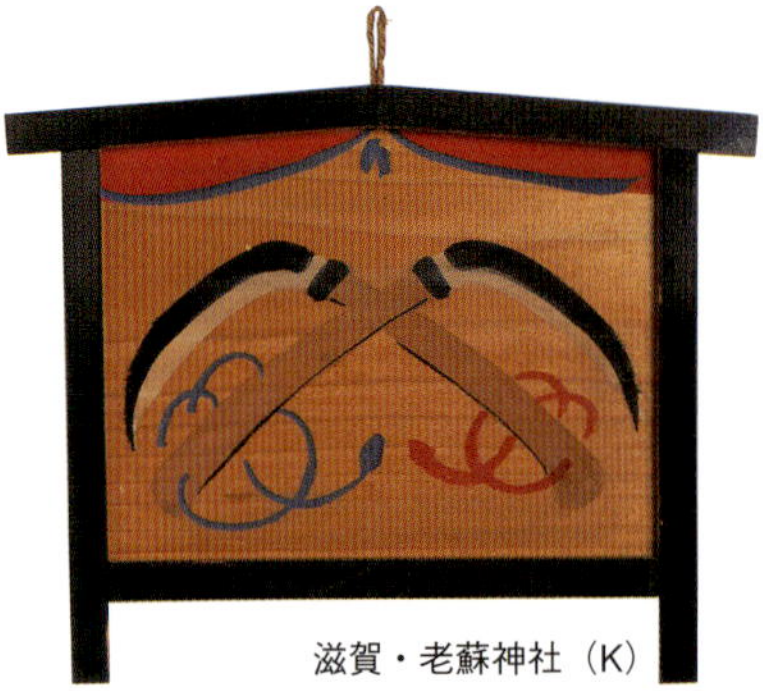

滋賀・老蘇神社（K）

鯰《なまず》

皮膚病

画面いっぱいに長い髭を生やした頭の大きな鯰が体をくねらせた滑稽味あふれる図、二尾の鯰が仲良く並んだ図など、いろいろの構図がある。黄茶色または白色のまだらが出来る皮膚病をナマズというが、鯰も腹一面にナマズに似た斑点があり、名称からの語呂合わせの発想も加わって、皮膚病平癒の絵馬になった。奈良の久米寺に奉納される絵馬がよく知られるが、大阪の曾根崎の鯰稲荷社など各地に見られた。

徳島地方（T）

大阪・鯰稲荷

奈良・久米寺

飯盛

胸のつかえ

時折に胸のつかえに困ることがある。そうしたとき「飯盛」絵馬をあげて、胸のつかえ平癒を祈った。飯櫃を傍らに置き、大きな椀に飯を山盛りにして、せっせと食べている図である。大きな髷の女やチョン髷の男が、頭でっかちに描かれていて面白い。かつては全国で奈良の一言観音にしか見られなかった図であり、奈良絵馬の筆法をよく現している。

奈良・興福寺一言観音（S）

奈良・興福寺一言観音

腹掛け

腹痛平癒

足利の大原神社は、特に腹の病の平癒祈願に霊験があり、亀甲形の腹掛の絵馬が奉納される。

昔、天慶の乱（九三九）のとき、敗れた平将門の腹部がここまで飛んできたので、将門の腹を祀ったという伝説による。社名の大原と腹が同音であるところから生まれた俗信によるのだともいう。腹掛の模様はさまざまであるが、簡潔にして明瞭、楽しい図柄でもある。

栃木・足利大原神社

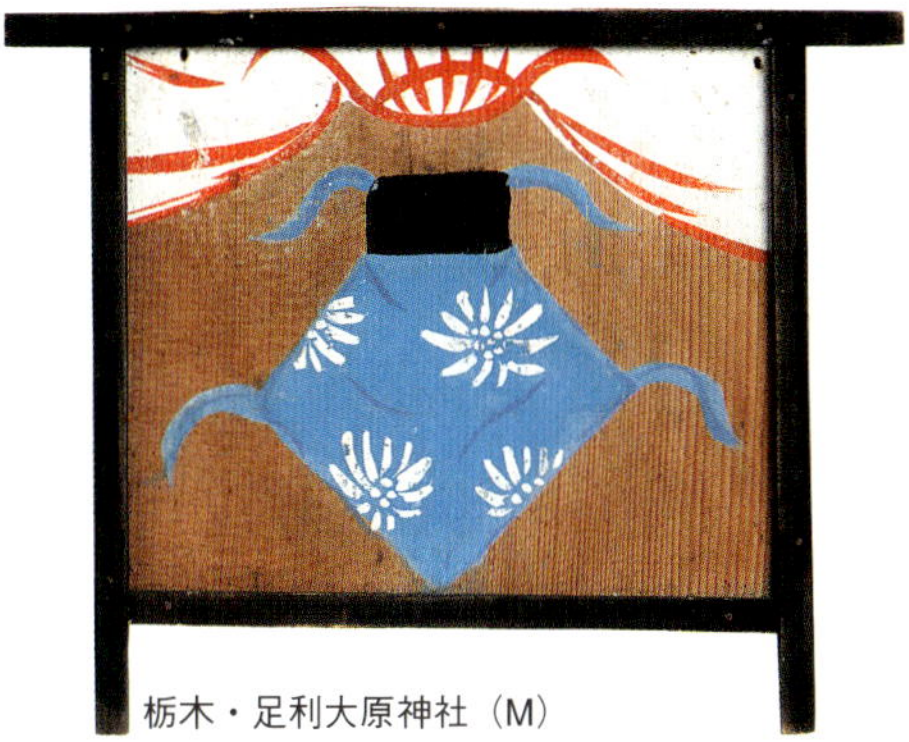

栃木・足利大原神社（M）

群馬地方（T）

腰から下

婦人病・性病平癒

婦人の下半身を描いた絵馬は興味をそそられる。足利の水使《みずつ》神社は、婦人病平癒を祈願する神社とされている。昔、殿様の胤を宿した御殿女中が、奥方の嫉妬に耐えかねて川に身を投げて死んで以来、絶えず女の屍が浮かんで通行人を誘い込んだので、村人が彼女の霊を祀ったのが水使神社であるという。ある夜、村人の枕辺に御殿女中が姿を現し、霊を祀ってくれた礼に、今後婦人病を一切治してあげるといって姿を消したという伝説から、婦人病平癒や性病平癒祈願にこの絵馬を奉納するようになったという。腰巻の下から女の両足の出ている図はきわめて印象的である。

この種の絵馬は各地の淡島様にも奉納された。淡島様は女神で、婦人の下の病に霊験があるという。和歌山の加太の淡島神社を勧請して各地で祀られている。

栃木・足利水使神社（M）

栃木・足利水使神社（M）

栃木・足利水使神社

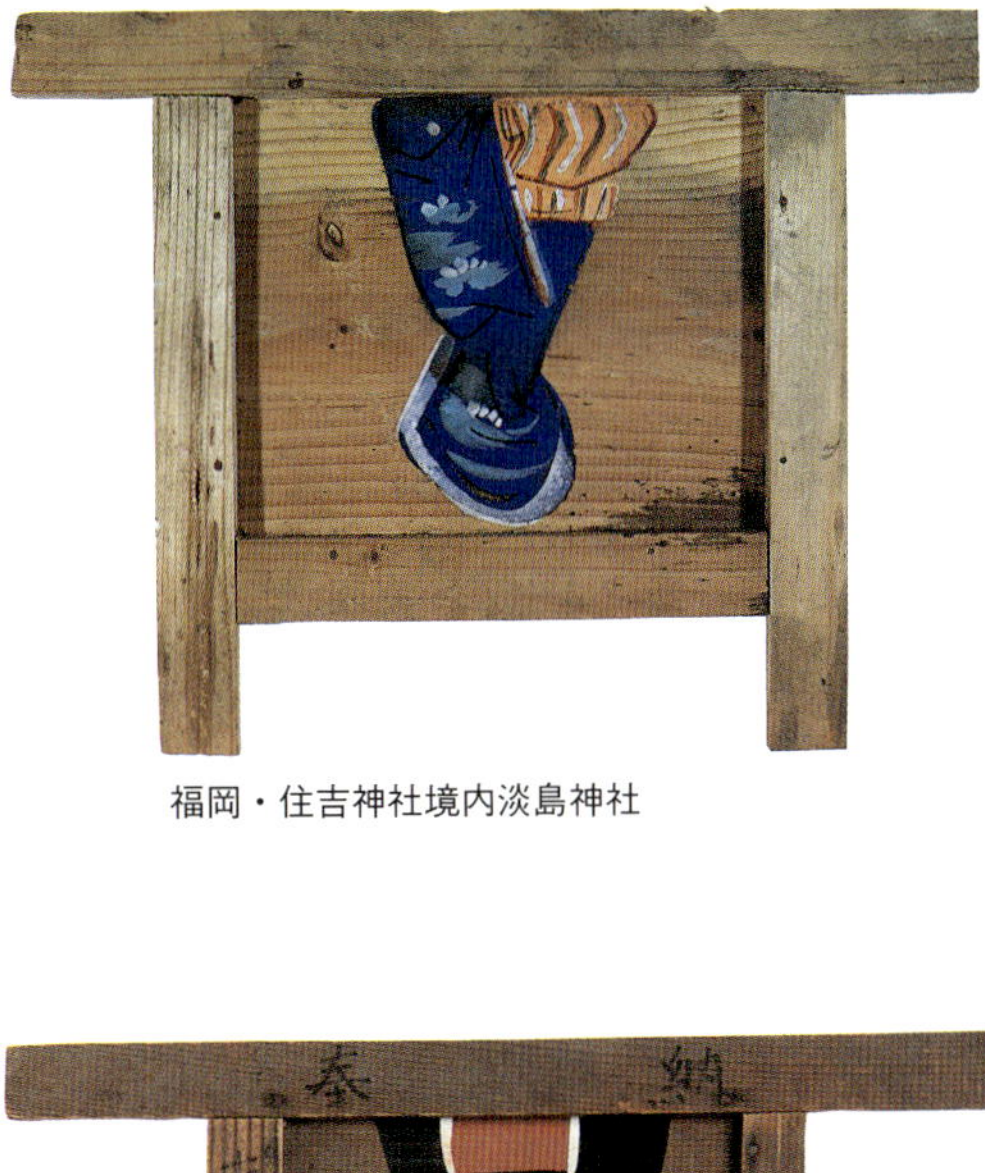

福岡・住吉神社境内淡島神社

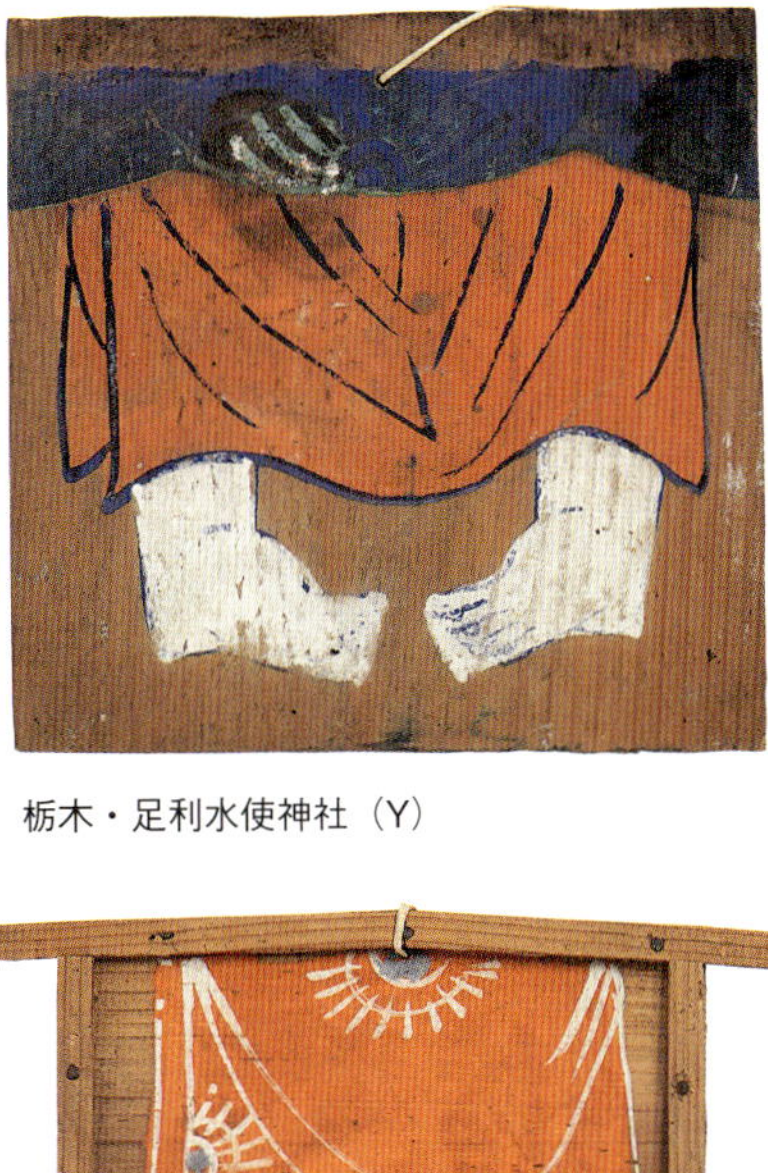

栃木・足利水使神社（Y）

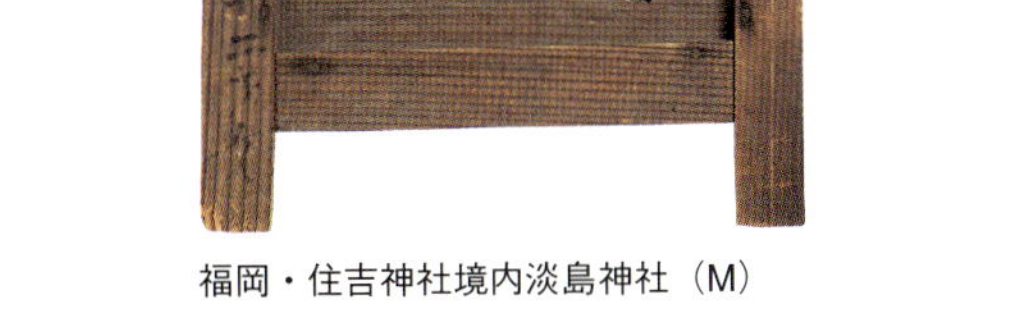

福岡・住吉神社境内淡島神社（M）

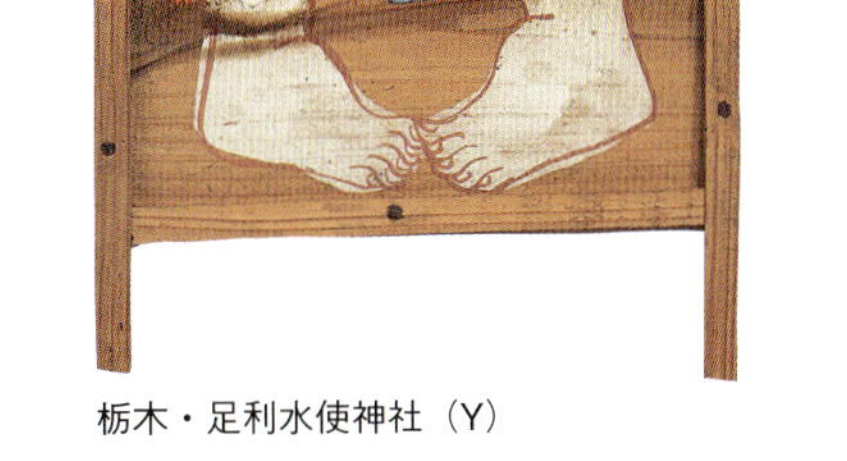

栃木・足利水使神社（Y）

立雛

婦人病平癒

立雛の絵馬は、和歌山・加太の淡島神社をはじめ、各地の淡島様に奉納される。淡島様は住吉神の姫神で、女子の守護神とされ、雛人形を奉納したり、雛人形に穢れを移して流す風習があった。

婦人病平癒を祈願して、雛人形の原初的形態である立雛図の絵馬を奉納するようになった。加太の淡島様はもとより、宮崎の淡島様、大分の長浜神社の淡島様の立雛絵馬はよく知られている。

和歌山・加太淡島神社（Y）

和歌山・加太淡島神社（Y）

大分・長浜神社境内淡島神社（M）

赤エイ

痔

大阪浪速区の広田神社は女神で海神であるとされる。この神の使いが赤エイなので、痔病の者は赤エイを禁食し、赤エイの絵馬を奉納して平癒祈願をする。この神が痔病平癒の神とされたのには、いささかこじつけとも思える説がある。昔、この神社のあたりが四天王寺の寺領であったところから、寺領を痔良にあてて、痔を良くしてくれる神とされたという。

絵馬には画面いっぱいに赤エイを一尾描いた図、社殿とこの魚を描いた図、大海原に遊泳する赤エイを描いた図の三種類があるが、いずれも愉快に描かれている。

大阪・広田神社（T）

大阪・広田神社

大阪・広田神社

蛸

婦人病・小児病・眼病・腫れ物・イボ平癒

蛸を描いた絵馬は案外多い。それは蛸が人々に広く信仰される薬師様や地蔵様と奇妙に結びついているからかもしれない。京都の薬師様の寺内に昔孝行の僧がいて、病気の母が蛸を食べたがるので、苦心して蛸を求めた。帰って籠を開いてみると、蛸は薬師経一巻にかわっていた。僧は朝夕薬師経を唱えて孝養をつくしたので、母の病気も全快した。これを知った世人がこの寺を蛸薬師と称したという。

この蛸薬師は何病にも霊験があるというが、とくに婦人病・小児病にあらたかであるといわれ、蛸を禁食し蛸の絵馬をあげて平癒祈願をする。

東京目黒の蛸薬師も、蛸を禁食して、蛸の絵馬をあげて願掛けするが、ここの絵馬は蛸が足をそろえて投げ出している姿が面白く、凸凹の大きな頭に大きな目玉ぎょろつかせているさまは愉快である。

蛸の絵馬はまた、蛸の吸盤に因縁づけられていて、腫れ物を吸い出し、タコ・イボの除去祈願にあげられるが、東北地方では蛸の目玉は鋭く丈夫であることから、眼病平癒祈願に奉納する風があった。

京都・蛸薬師

大阪・石津蛸地蔵

京都・蛸地蔵（Y）

大阪・蛸地蔵（Y）

埼玉・両神神社（M）

東京・目黒蛸薬師（Y）

東京・目黒蛸薬師

鬼と為朝

疱瘡

近畿地方には、子供の疱瘡除けに家々の軒先や門口に「為朝と鬼の力競べ」の絵馬を掛ける風があった。為朝が鬼界島に渡って鬼どもを退治したという伝説にもとづいて、鬼を疱瘡神になぞらえ、為朝の豪勇をもって疱瘡の流行を押さえてもらおうというのである。

江戸時代の末に天然痘が流行ったとき、それを恐れた庶民が作ってあげたのに始まるという。なお、この図柄は、葛飾北斎が『椿《ちん》説《せつ》弓《ゆみ》張《はり》月《づき》』の挿絵に描いた「為朝と鬼の力競べの図」がもとになっているようである。

奈良・大阪地方

奈良・大阪地方

奈良・大阪地方

オコゼ

病気平癒

オコゼはたいへん醜い海魚なので、醜い容貌の女神である山の神にオコゼを見せると、自分よりなお醜いものがいると山の神が安堵されるといい、山の神にオコゼの図の絵馬をあげる風が群馬地方にある。生産の豊穣を願うものであるが、病気平癒や怪我を避ける祈願、さらに失せ物を探し出す呪物ともされ、軒守として家の軒先に吊るして外敵侵入防禦の呪物ともされることがあった。

群馬地方（Y）

愛知・山神社（Y）

愛知・山神社（Y）

◆病を治す神社

【眼病】

埼玉県・法養寺（両神薬師）

埼玉県秩父郡小鹿野町両神薄二二三〇六

両神薬師は日本三大薬師の一つともいわれ、古くから「眼薬師」として信仰を集め、眼病平癒祈願の参詣者が多い。なお、当寺は室町時代の建立といわれる。

【痔疾】

神戸市・長田神社

兵庫県神戸市長田区長田町三ー一ー一

長田神社の祭神は事代主神。古代には祈雨や武門の神として尊崇されたが、江戸時代から、恵比須信仰と習合し、産業の守護神、招福、厄除けの神としての信仰が広まり、「長田さん」の名で親しまれた。さらに痔疾平癒の神ともされた。

【イボ・タコ】

東京都・成就院（目黒蛸薬師）

東京都目黒区下目黒三―一一―一一

東京目黒の蛸薬師の本尊は、三匹の蛸に乗った薬師如来である。薬師如来は薬師瑠璃光如来といい、衆生の病根を救い疾病を治す現世利益招来の仏として古くから広く信仰されてきた。蛸薬師は蛸の眼光に因んで眼病平癒とともに、蛸の吸盤に因縁づけてタコ・イボ平癒に御利益あるとされる。

東京・縁切榎

禁酒・禁賭・禁煙・浮気封じ・縁切

本多忠朝《ただとも》の墓・徳利・酒樽

禁酒

大酒飲みの禁酒祈願も多い。大阪の一心寺境内に本多忠朝の墓という大五輪の石塔がある。本多忠朝は酒豪で酒癖が悪く、そのため大失敗をした。死に際して、以後酒飲みの者を戒めると言い残したという。そこで酒豪や酒癖の悪い者、禁酒しようとするものが、絵馬を奉納して祈願する。五輪塔あるいは四斗樽、五輪塔に四斗樽と本人あるいは母親や妻が合掌している図柄が多い。

栃木の旭町満福寺境内に祀られている三鬼様は、夜になると堂から抜け出して町の酒屋に酒を買いにゆくので、鎖で縛りつけられてしまった。その代わりに酒を供えて祈願すれば、禁酒を叶えてくれるといわれ、神酒瓶一対を描いた絵馬をあげて祈願するという。瓢箪に「守」を書いた絵馬をあげる風もあった。

大阪・一心寺本多忠朝墓

大阪・一心寺本多忠朝墓

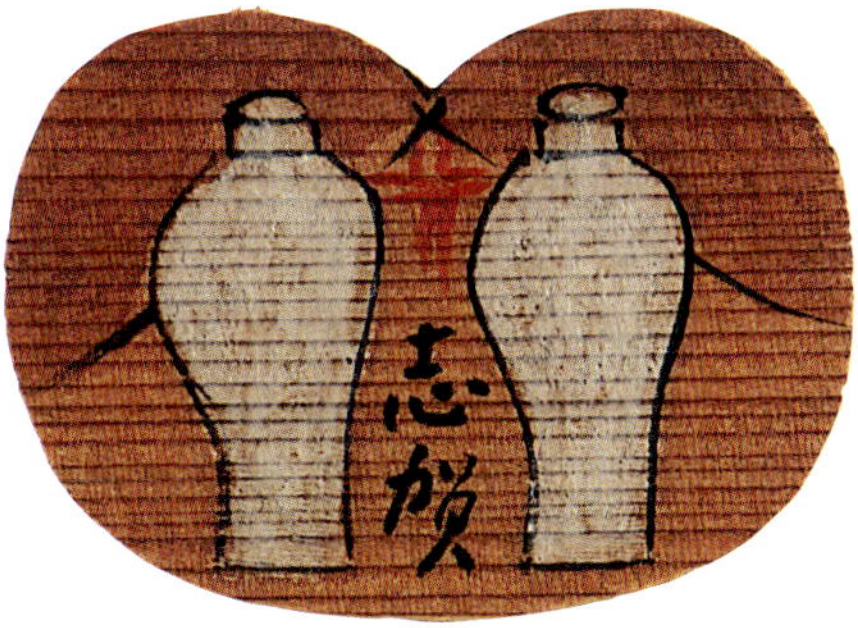

栃木・満福寺三鬼様（Y）

大阪・一心寺本多忠朝墓（Y）

栃木・満福寺三鬼様（M）

東京・琴平神社（Y）

栃木・満福寺三鬼様

賽《さい》と花札・賽と花札に錠

禁賭

「ピンと心に錠前かけりゃ、いかな錠でもあきはせぬ」という狂歌が、江戸時代の末に流行ってから、いわゆる「錠物」絵馬が普及した。女・酒・煙草・賭博を止めようと、「女に錠」「盃に錠」「煙草に錠」「賽に錠」さらにはこれらを含めて「心に錠」などの図柄が生まれた。

博奕を止めることを誓う絵馬は、賽に錠をかけた図、花札をはじめ博奕札に錠をかけた図、賽と札に錠をかけた図、賽に錠をかけて、札を添えた図などがある。こうした錠物絵馬のほかに、賽・花札・壷など博奕のセットを描く図もある。かつては関東に見られたが、今はすっかりなくなった。奈良の生駒聖天には近年まで見られた。

関東一円（Y）

関東一円

徳島地方（T）

奈良・生駒聖天（M）

関東一円（Y）

煙管《きせる》に錠

禁煙

禁煙にも「錠物絵馬」があげられる。煙管と巻煙草を交叉させ、それに錠前をかけた図柄である。なかには煙草入れを描いたものもある。

これらは奈良・生駒聖天に多く奉納されたが、この図柄は関東一円にかつては広く見られた。

神奈川・要石神社（Y）

奈良・生駒聖天（Y）

奈良・生駒聖天

心に錠・女に錠

浮気封じ

「錠物絵馬」の一つに浮気封じ、女断ちがある。女という字に錠をかけた図柄であるが、心に誓うという意味で、心という字に錠をかけた図柄の絵馬もあげられる。「心に錠」の絵馬は男だけでなく、女も自らの浮気封じを誓って奉納するものもあった。

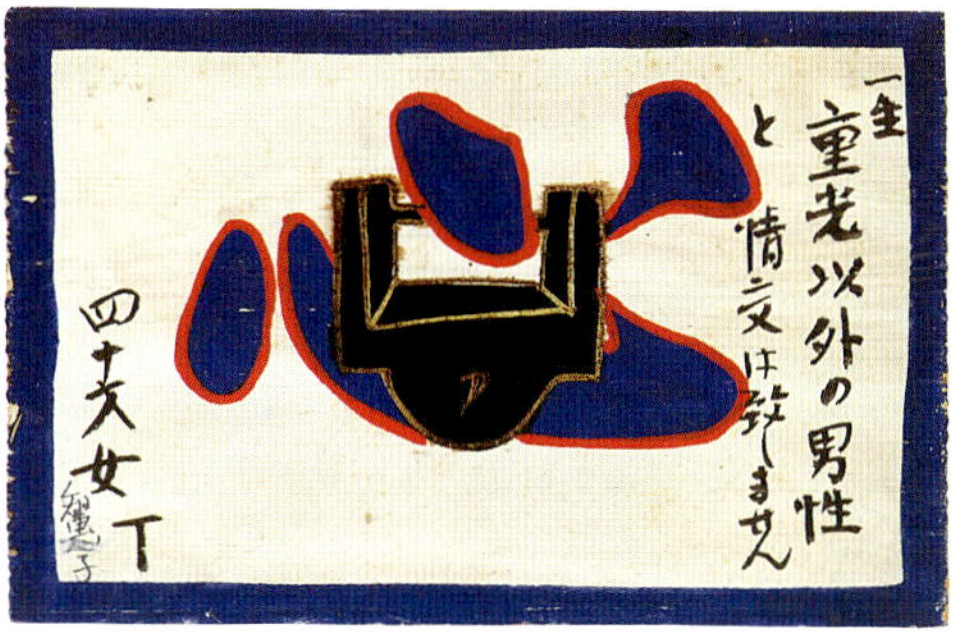

奈良・生駒聖天（M）

奈良・生駒聖天（Y）

関東一円

背中合わせの男と女

縁切

世の中にはまた、縁切を叶えてくれるという神様もある。京都の菊野大明神、足利の門田稲荷、東京板橋の縁切榎がよく知られる。菊野大明神は京都市中京区河原町二条上ル法雲寺境内に祀られる。昔は妻が夫の不行跡を嘆き、夫と夫の情婦の仲を裂くために祈願することが多く、願が成就したとき妻が子供とともに感謝して拝んでいるさまを描いた絵馬をあげた。

門田稲荷には男女が背中合わせに立つ図や、坐って合掌する図がある。縁を切るといえば病気との縁切、酒との縁切、盗人との縁切というように、断絶を目的とすることなら何でも祈願の対象になる。したがって、それを表現するさまざまな図柄があり、戦争中は兵役との縁切祈願して、軍服姿の男と平服姿の祈願者自身が背中合わせに立つ図の絵馬があげられた。

板橋の縁切榎には、榎を真ん中にして男女が背中合わせに立つ図柄の絵馬があげられた。

栃木・足利門田稲荷

福岡・於古能地蔵（M）

栃木・足利門田稲荷（Y）

東京・縁切榎（K）

栃木・足利門田稲荷

東京・縁切榎（Y）

福岡地方（Y）

◆断ち事と縁切

【断ち事】

奈良県・生駒聖天

奈良県生駒市門前町一―一

江戸時代初期の名僧、宝山湛海《ほうざんたんかい》が生駒山腹に宝山寺を開基した。早くから特別な信仰をもっていた湛海が、生駒入山以前に洛東粟田口に営んでいた歓喜院を貞享三年（一六八六）に生駒山に移したのが聖天堂である。聖天は大聖歓喜天の略で、その像は象頭人身で単身と双身があり、双身像は一は男天で魔王、一は女天で十一面観音の化身で、抱き合っている。夫婦和合で子を与えるという。また断ち事に大いなる御利益を賜うという。

【縁切】

東京都・縁切榎

東京都板橋区本町一八―九

縁切榎は中山道板橋にあり、昔妻子を連れた武士が、この榎の傍らで別離せねばならなくなったという伝説から、縁切の榎といわれるようになったという説、榎がエンノキ（縁退き）となって縁切榎となったという説がある。それ以来、嫁入り行列もこの辺を通ると不縁になるといって、通行を避けたといわれる。

縁切榎の絵馬

全国社寺御利益案内

御利益	社寺・神仏名	所在地
火難除け・魔除け	二荒山神社	栃木県宇都宮市馬場通一-一-一
	宝登山神社	埼玉県秩父郡長瀞町長瀞一八二八
	大六天社	埼玉県岩槻市大戸一七五二
	高幡不動尊	東京都日野市高幡七三三
	愛宕神社	東京都港区愛宕一-五-三
	深川不動尊	東京都江東区富岡一-一七-一三
	鎮護堂	東京都台東区浅草二-三
	火産霊神社	福井県福井市手寄一-一九-一九
	秋葉神社	静岡県浜松市天竜区春野町領家八四一
	愛宕神社	京都府京都市右京区嵯峨愛宕町一
	行願寺・革堂妙見堂	京都府京都市中京区寺町通竹屋町上ル行願寺門前町一七
	滝谷不動	大阪府富田林市彼方一七六二
	報徳院・北向不動	大阪府大阪市中央区高津一-二-二八
	円通寺	岡山県倉敷市玉島柏島四五一
諸難除け	三峰神社	埼玉県秩父市三峰二九八-一
	大国魂神社	東京都府中市宮町三-一
	南蔵院	東京都葛飾区東水元二-二八
	鎌倉宮	神奈川県鎌倉市二階堂一五四
	大報恩寺・千本釈迦堂	京都府京都市上京区七本松通今出川上ル
	積善院	京都府京都市左京区聖護院中町
	熊野那智大社	和歌山県伊都郡九度山町慈尊院八三二
厄除け	佐野厄除大師	栃木県佐野市春日岡山二二三三

	喜多院	埼玉県川越市小仙波町一－二〇－一
	成田山新勝寺	千葉県成田市成田一
	西新井大師	東京都足立区西新井一－一五－一
	高幡不動尊	東京都日野市高幡七三三
	神田明神	東京都千代田区外神田二－一六－二
	日枝神社	東京都千代田区永田町二－一〇－五
	深大寺	東京都調布市深大寺元町五－一五－一
	高岩寺・とげ抜き地蔵	東京都豊島区巣鴨三－三五
	川崎大師	神奈川県川崎市川崎区大師町四－四八
	鶴岡八幡宮	神奈川県鎌倉市雪ノ下二－一－三一
	長谷寺	神奈川県鎌倉市長谷三－一一－二
	熱田神宮	愛知県名古屋市熱田神宮一－一－一
	継松寺・厄除観音	三重県松坂市中町一九五二
	立木観音・安養寺	滋賀県大津市南郷五－二〇－二〇
	壬生寺	京都府京都市中京区坊城仏光寺北入ル
	大将軍八神社	京都府京都市上京区一条御前通西入ル西町
	法輪寺・嵯峨虚空蔵	京都府京都市西京区嵐山虚空蔵山町
	安倍王子神社	大阪府阿倍野市阿倍野元町九－四
	誉田八幡宮	大阪府羽曳野市誉田三－二－八
	清荒神清澄寺	兵庫県宝塚市米谷清シ一
	摩耶山天上寺	兵庫県神戸市灘区摩耶山町二－一二
	松尾寺・厄除観音	奈良県大和郡山市山田町六八三
	岡寺・厄除観音	奈良県高市郡明日香村岡八〇六
	熊野那智大社	和歌山県那智郡勝浦町那智山
	紀三井寺	和歌山県和歌山市紀三井寺一二〇一

	由加大権現	岡山県倉敷市児島由加二八五五
	薬王院	徳島県海部郡日和佐町奥河内寺前二八五－一
	切幡寺	徳島県阿波郡市場町大字切幡
	英彦山神社	福岡県田川郡添田町大字英彦山一
	湊八坂神社	佐賀県唐津市湊町九五〇
	宇佐八幡宮	大分県宇佐市宇佐大字南宇佐二八五九
家内安全	空知沿岸交通神社	北海道滝川市空知町三－一一八－四
	十和田神社	青森県上北郡十和田湖町奥瀬字十和田一四
	出羽三山神社	山形県東田川郡羽黒町大字手向字羽黒山三三
	笠間稲荷神社	茨城県笠間市笠間一
	成田山新勝寺	千葉県成田市成田一
	深川不動堂	東京都江東区富岡一－一七
	稲積神社	山梨県甲府市太田町一〇－二
	弥彦神社	新潟県西蒲原郡弥彦村大字弥彦二八八七－二
	浄裕寺・日限地蔵	静岡県静岡市沓谷一三二二－一一
	弥勒寺	愛知県東海市大田町寺下四
五穀豊穣（牛馬安全）	江別神社	北海道江別市萩ヶ岡一
	錦山天満宮	北海道江別市野幌代々木町三八－一
	上川神社	北海道旭川市神楽岡公園
	鳥取神社	北海道釧路市鳥取大通四－二－一八
	猿賀神社	青森県南津軽郡尾上町猿賀字石林一七五
	岩木山神社	青森県弘前市百沢寺沢二七
	遠野郷八幡宮	岩手県遠野市松崎町白岩二三－一九
	塩竈神社	宮城県塩竈市一森山一－一
	荘内神社	山形県鶴岡市馬場町四－一

	出羽三山神社	山形県鶴岡市羽黒町手向字手向七
	伊佐須美神社	福島県大沼郡会津美里町字宮林甲四三七七
	宇都宮二荒山神社	栃木県宇都宮市馬場通一－一－一
	今宮神社	栃木県鹿沼市今宮町一六九二
	古峰神社	栃木県鹿沼市草久三〇二七
	榛名神社	群馬県高崎市榛名山町八四九
	一之宮貫前神社	群馬県富岡市一ノ宮一五三五
	箱根神社	神奈川県足柄郡箱根町元箱根八〇－一
	稲積神社	山梨県甲府市大田町一〇－二
	諏訪大社下社秋宮・春宮	長野県諏訪郡下諏訪町上久保五八二八
	白山比め神社	石川県白石市三宮町二一〇五－一
	長滝白山神社	岐阜県郡上市白鳥町長滝一三八
	尾張大国霊神社	愛知県稲沢市国府宮一－一－一
	猿田彦神社	三重県伊勢市宇治浦田二－一－一〇
	伊勢神宮外宮	三重県伊勢市豊川町
	熊野大社	三重県松江市八雲町熊野二四五一
	美保神社	島根県松江市美保関町美保関六〇八
	金刀比羅宮	香川県仲多度郡琴平町八九二－一
	大富神社	福岡県豊前市大字四郎丸二五六
	甘木須賀神社	福岡県朝倉市甘木八四二
	佐嘉神社	佐賀県佐賀市松原二－一〇－四三
	阿蘇神社	熊本県阿蘇市一の宮町宮地三〇八三－一
	西寒多神社	大分県大分市大字寒田一六四四
	徳光神社	鹿児島県指宿市山川岡児ケ水三八六
商売繁盛	笹野観音堂	山形県米沢市笹野本町五六八六－五

笠間稲荷神社	茨城県笠間市笠間一
成田山新勝寺	千葉県成田市成田一
豊川稲荷	東京都港区元赤坂一－四
神田明神	東京都千代田区外神田二－一六
浅草寺	東京都台東区浅草二－三－一
待乳山聖天	東京都台東区浅草七－四－一
大鳥神社	東京都豊島区雑司が谷三－二〇
花園神社	東京都新宿区新宿五－一七－三
東伏見稲荷神社	東京都西東京市東伏見一－五－三八
西新井大師	東京都足立区西新井一
豪徳寺	東京都世田谷区豪徳寺二－二四
大国魂神社	東京都府中市宮町三－一
高尾山薬王院	東京都八王子市高尾町二一七七
宇賀福神社・銭洗弁天	神奈川県鎌倉市佐助二－二五－一六
稲積神社	山梨県甲府市太田町一〇－二
善光寺	長野県長野市大字長野元善町四九一
千代保稲荷神社	岐阜県海津郡平田町三郷一九八〇
小国神社	静岡県周智郡森町一宮三九五六－一
豊川稲荷	愛知県豊川市豊川町一
伏見稲荷大社	京都府京都市伏見区深草薮之内町六八
恵美須神社	京都府京都市東山区大和大路四条下ル小松町一二五
車折神社	京都府京都市右京区嵯峨朝日町二三
宗旦稲荷	京都府京都市上京区今出川通烏丸東入ル相国寺境内
今宮戎神社	大阪府大阪市浪速区恵美須西一－六－一〇
法善寺・水掛不動尊	大阪府大阪市中央区難波一－二－一六

	住吉神社	大阪府寝屋川市木田町六
	お初天神	大阪府大阪市北区曾根崎二－五－四
	西宮神社	兵庫県西宮市社家町一－一七
	越木岩神社	兵庫県西宮市甑岩町五－四
	清荒神清澄寺	兵庫県宝塚市米谷清シ一
	最上稲荷	岡山県岡山市高松稲荷町七一二
	祐徳稲荷神社	佐賀県鹿島市古枝
縁結び	月御腰神社	山形県最上郡最上町
	大宮氷川神社	埼玉県さいたま市高鼻一－四〇七
	川越八幡宮	埼玉県川越市南通町一九－三
	神田明神	東京都千代田区外神田二－一六－二
	浅草寺・粂平内堂	東京都台東区浅草二－三－一
	江ノ島弁天	神奈川県藤沢市江ノ島二－三－八
	飯山観音・見合いの松	神奈川県厚木市飯山五六〇五
	鶴岡八幡宮	神奈川県鎌倉氏雪ノ下二－一－三一
	常楽寺・北向不動	長野県上田市別所温泉一六六六
	伊豆山神社	静岡県熱海市伊豆山上野地七〇八－一
	小国神社	静岡県周智郡森町一宮三九五六－一
	畑中地蔵	愛知県名古屋市熱田区花町
	住吉大社・おもと社	大阪市住吉区住吉二－九－八九
	裸石神社・ライセキさん	兵庫県神戸市西区神出町東一一八〇
	出雲大社	島根県出雲市大社町杵築東一九五
	長浜神社	大分県大分市長浜町一
子授け・子育て	山の神社・山の神さま	山形県尾花沢市銀山新畑四一六
	熊谷寺・奴稲荷	埼玉県熊谷市仲町四三

	みみだれ観音	埼玉県蓮田市大字高虫三三八
	法明寺・鬼子母神	東京都豊島区雑司が谷三－一五－二〇
	真源寺・鬼子母神	東京都台東区下谷一－一二－一六
	ひげ地蔵	東京都台東区上野不忍池
	森戸神社・子産み石	神奈川県三浦郡葉山町堀内一〇二五
	正高寺・子安観音	福井県武生市文室町三六－一二
	甚目寺	愛知県海部郡甚目寺町甚目寺市場七二－一
	法界寺・乳薬師	京都府京都市伏見区日野西大道町一九
	高山寺・子授け地蔵	京都府京都市右京区西大路四条北東角
	太融寺・庚申堂	大阪府大阪市北区太融寺町三－七
	楢神社	奈良県天理市楢町四四三
	大蔵寺・子授けの地蔵	奈良県宇陀郡大宇宇陀町栗野
	子安さん	奈良県宇陀郡室生村三本松
	子孕神社	岡山県備前市三石三九一
	浄土寺・子安地蔵	広島県尾道市久保一－一五－一
	円応寺・名付観音	佐賀県武雄市武雄町大字富岡一〇五一三
	淀姫神社・道祖神	佐賀県佐賀郡大和町中川副村大字福富
	両子寺	大分県東国東郡安岐町両子一五四八
安産祈願	山の神社・山の神さま	宮城県遠田郡小牛田町牛飼字斎ノ台三七
	浅間神社・地蔵尊	山形県東根市大字羽入七三一
	大宮子易神社	山形県西置賜郡子国大宮二三七
	子安神社	茨城県新治郡千代田町東野寺
	胎安神社	茨城県新治郡千代田町西野寺字明神山四三三
	楽法寺	茨城県真壁郡大和村本木一
	安産不動尊	茨城県筑紫郡伊奈町板橋二三七〇－一

	大神神社・室の八島明神	栃木県栃木市惣社町四七七
	大国魂神社	東京都府中市宮町三－一
	水天宮	東京都中央区日本橋蛎殻町二－四－一
	正高さま・子安観音	福井県武生市文室町三六－二二
	音無神社	静岡県伊東市音無町一－一二
	子安観音寺	三重県鈴鹿市寺家町三－二－一二
	雲林院・子安地蔵	京都府京都市北区紫野雲林院町
	中山寺・十一面観音	兵庫県宝塚市中山寺二－一一－一
	東大寺・鬼子母神	奈良県奈良市雑司町四〇六－一
	荒池の子安の地蔵	奈良県奈良市高畑町荒池
	帯解寺・子安地蔵	奈良県奈良市今市町七三四
	畝火山口神社	奈良県橿原市大谷町二四八－五
	法華寺	奈良県奈良市法華寺町八八二
	常楽寺・安子の宮	島根県出雲市湖陵町常楽寺七五七
	鬼子母神さま	愛媛県松山市土居田町二四三
	清滝寺	高知県土佐市高岡町五六八－一
	子安観音	福岡県嘉穂郡穂波町平垣
夫婦和合	加波山神社	茨城県真壁郡真壁町長岡八九一
	延命院・虚空蔵	埼玉県三郷市彦倉一－八三－一
	待乳山聖天	東京都台東区浅草七－四－一
	三島神社	京都府京都市東山区渋谷通本町東入ル八上馬町
	今熊野剣神社	京都府京都市東山区今熊野剣宮町一三
	生駒聖天	奈良県生駒市門前街一－一－一
	唐人神	長崎県壱岐郡石田町池田東触
乳授け	乳神	福島県伊達郡国見町山崎上川前二四

	高照寺・乳いちょう	千葉県勝浦市勝浦四九
	大国魂神社・乳いちょう	東京都府中市宮町三－一
	乳母嶽神社	新潟県上越市茶屋が原三三一
	海上寺・乳花神社	愛知県名古屋市瑞穂区直来町五－五
	四天王寺・布袋堂	大阪府大阪市天王寺区四天王寺一－一－一八
	陶荒田神社・乳地蔵	大阪府堺市上之一二一五
	薬師さん	奈良県吉野郡下市町下市
	慈尊院	和歌山県伊都郡九度山町慈尊院八三二
	乳の観音	福岡県豊前市大字狭間
	正覚寺・油山観音	福岡市城南区東油山五〇八
	秩父観音	福岡県山門郡瀬高町大字小川五
	高塚地蔵	大分県日田市天瀬町馬原三七四〇
	大将軍社	大分県大分郡湯布院町川上
入浴嫌い	興福寺・一言観音	奈良県奈良市登大路町四八
月代	黒谷熊谷堂	京都府京都市左京区黒谷町一二一
	興福寺・一言観音	奈良県奈良市登大路町四八
夜泣き・癇の虫	宗任神社	茨城県結城郡千代川村本宗道九一
	笠石神社	栃木県大田原市湯津上四三〇
	みみだれ観音	埼玉県蓮田市大字高虫三三八
	円光院・夜泣き地蔵	千葉県八千代市大和田七八五
	東充寺・へちま薬師	愛知県名古屋市東区東桜二－八－一五
	三宅八幡社	京都府京都市左京区上高野三宅町二二
	興福寺・一言観音	奈良県奈良市登大路町四八
	長谷寺・観音さま	奈良県桜井市初瀬七三一－一
	日吉神社	鳥取県鳥取市布勢

	岡神社・夜泣き森大明神	岡山県勝田郡勝央町岡四六一
	守母神社	福岡県粕屋郡須恵町植木字大塚
	三宝荒神	福岡県福岡市東区香椎二－二三
	遍照院	福岡県粕屋郡篠栗町上町
芸道・技芸上達祈願	鑁阿寺・大日堂	栃木県足利市家富町二二二〇
	大手神社	栃木県足利市五十部町三七五
	芸能浅間神社	東京都新宿区新宿五－一七－三
	不忍池弁天堂	東京都台東区上野公園二－一
	江島神社	神奈川県藤沢市江ノ島二－三－八
	車折神社	京都府京都市右京区嵯峨朝日町二三
学業成就・合格祈願	旭川天満宮	北海道旭川市神楽岡公園
	錦山天満宮	北海道江別市野幌代々木町三八－一
	盛岡天満宮	岩手県盛岡市八幡町一三－一
	亀岡文殊堂	山形県東置賜郡高畠町大字亀岡四〇二八－一
	満願寺	福島県福島市黒岩字上ノ町四三
	円蔵寺	福島県河沼郡柳津町大字柳津字寺家町甲一七六
	桐生天満宮	栃木県桐生市天神町一－三－四
	朝日森天満宮	栃木県佐野市天神町八〇七
	秩父神社	埼玉県秩父市番場一－一
	亀戸天神社	東京都江東区亀戸三－六－一
	深川不動堂	東京都江東区富岡一－一七
	湯島天神	東京都文京区湯島三－三〇－一
	谷保天満宮	東京都国立市谷保五二〇九
	報徳二宮神社	神奈川県小田原市城内八－一〇
	荏柄神社	神奈川県鎌倉市二階堂七四

	天満天神宮	山梨県甲府市太田町遊亀公園
	戸隠神社	長野県上水内郡戸隠村大字戸隠中社三五〇六
	白山神社	新潟県新潟市一番堀通一－一
	小松天満宮	石川県小松市天神町二
	闇見神社	福井県三方郡三方町成願寺字御手洗水一二－七
	天神神社	静岡県下田市蓮台寺三五二
	山田天満宮	愛知県名古屋市北区山田町三－二五
	上野天満宮	愛知県名古屋市千種区赤坂町四－八九
	七尾天神社	愛知県名古屋市東区白壁二－二八－一九
	岩津天神	愛知県岡崎市岩津町字東山五三
	本居神社	三重県松坂市殿町一五三三－二
	北野天満宮	京都府京都市上京区馬喰町
	錦天満宮	京都府京都市中京区新京極通錦四条上ル中之町五三七
	車折神社	京都府京都市右京区嵯峨朝日町二三
	大阪天満宮	大阪府大阪市北区天神橋二－一－八
	四天王寺	大阪府大阪市天王寺区四天王寺一－一一－一八
	道明寺天満宮	大阪府藤井寺市道明寺一－一六－四〇
	綱敷天満宮	兵庫県神戸市須磨区天神町二－一－一
	湊川神社	兵庫県神戸市中央区多聞通三－一－一
	柿本神社	兵庫県明石市人丸町一－二六
	安倍文殊院	奈良県桜井市安倍山
	和歌浦天満宮	和歌山県和歌山市和歌浦西二－一－二四
	防府天満宮	山口県防府市松崎町一四－一
	潮江天満宮	高知県高知市天神町一九－二〇
	太宰府天満宮	福岡県太宰府市宰府四－七－一

	諏訪神社	長崎県長崎市上西山町一八－一五
	文殊仙寺	大分県東国東郡国東町大字大恩寺二四三
眼病平癒	七島観音	宮城県名取市増田二－二－一
	日吉神社	福島県福島市上字山王一六
	薬師寺・薬師如来	茨城県東茨城郡北町石塚
	薬王院	茨城県水戸市元吉田六八二
	薬王院	茨城県真壁郡真壁町椎尾三一七八
	鑁阿寺・大日堂	栃木県足利市家富町二二二〇
	正法寺	群馬県高崎市九蔵町
	たにし不動尊	埼玉県幸手市中二－一－五
	法養寺・薬師堂	埼玉県秩父郡小鹿野町両神薄二三〇六
	茶ノ木稲荷	東京都新宿区筑土八幡町二－一
	源覚寺・こんにゃくえんま	東京都文京区小石川二－二三－一四
	薬師如来	山梨県北巨摩郡小淵沢町八三五
	菅谷不動尊	新潟県新発田市菅谷八六〇
	円光寺・不動尊	石川県鹿島郡鹿島町字井田八六－三六
	小坂神社・鳴滝社	石川県金沢市山の上町四二－一
	朝善寺・日朝さん	静岡県伊東市宇佐美八四五
	地蔵寺	愛知県知多市大草西屋敷三
	大智院・めがね弘法	愛知県知多市南粕谷本町一－一九六
	大須観音	愛知県名古屋市中区大須二－二一－四七
	楊谷寺・柳谷観音	京都府長岡市浄土谷二
	文保寺・観音堂	兵庫県多紀郡丹南町味間南一〇九七
	小殿神社	和歌山県日高郡みなべ町晩稲一一六〇
	お薬師さま	岡山県笠岡市走出一三〇四

	不洗観音・ナゼボウズ	岡山県倉敷市中帯江八二〇
	鳥飼八幡宮・黒殿社	福岡県福岡市中央区今川二-一-一七
	滝の観音	佐賀県東松浦郡七山町
	生目神社	大分県別府市南立石生目町六組
悪霊退散	鬼鎮神社	埼玉県比企郡嵐山町川島一八九八
歯痛	古麻志比古神社・箸神さま	石川県珠洲市若山町字経念一二-三二
	歯痛止め地蔵	福井県鯖江市下野田町
	歯痛地蔵	福井県小浜市西勢
	七寺・歯仏	愛知県名古屋市中央区大須二-二八-五
	摂取院・ぬりこべ地蔵	京都府京都市伏見区深草大門町
	寛山石	京都府京都市南区油小路東寺道下ル二筋目西入ル南側西九条蔵王町
	天満神社・薬師堂	兵庫県相生市若狭野町野々一一九〇
	白井神社	兵庫県尼崎市東園田町四-四八
	正源寺・歯痛神さん	奈良県吉野郡下市町原谷
	白山神社・菊理姫命	奈良県桜井市阿倍
	伏見稲荷・神の岩	広島県呉市阿賀町
	歯地蔵	広島県豊田郡安芸津町三津
	日の峰神社	徳島県小松島市中田町字東山
	歯神さま	高知県室戸市吉良川町
	大霊石神社	福岡県小郡市大保一〇三二
	あご地蔵	大分県豊後高田市長安寺
	智恩寺・薬師如来	大分県豊後高田市鼎字智恩寺
手足の病	大手神社	栃木県足利市五十部町一二三五
	河内神社・仁王杉	新潟県岩船郡朝日村宮の下二〇六
	小坂神社・富士社	石川県金沢市山の上町四二-一

	石観音	福井県三方郡上中若狭町三方
	服部天神	大阪府豊中市服部元町一-二-一七
	お飛来さま	福岡県博多市吉塚三
	日切地蔵	福岡県福岡市馬出町五-三六-三五
腫れ物	神明社・寅薬師	埼玉県浦和市大間木九〇九
	老蘇神社	滋賀県蒲生郡安土町東老蘇一六一五
	牛頭天王社	京都府相楽郡加茂町高田
	円珠庵・鎌八幡	大阪府大阪市天王寺区空清町四-二
	大売神社・笠稲荷	兵庫県多気郡篠山町寺内字昼目谷ノ坪三五六
	鴨川住吉神社	兵庫県加東郡社町上鴨川五七一
	興福寺・一言観音	奈良県奈良市登大路町四八
	新薬師寺・クサ地蔵	奈良県奈良市高畑福井町一三五二
	石上神社・瘡大神	奈良県天理市布留町四三八
	珊瑚寺	和歌山県和歌山市鷹匠町一-七-一
皮膚病	久米寺	奈良県橿原市久米町五〇二
	水主神社	香川県東かがわ市水主一四一八
	宇原神社	福岡県京都郡苅田町馬場四一〇
	大森宮	福岡県福津市上西郷八〇二
	妙見社	福岡県福岡市博多区千代町妙見
	麻生神社	福岡県八女郡星野村麻生一〇八一六-五
胸のつかえ	興福寺・一言観音	奈良県奈良市登大路町四八
腹痛	大原神社	栃木県足利市大前町一四〇二
婦人病・性病	道祖神	宮城県白石市中斉川
	水使神社	栃木県足利市五十部町一二三五
	永徳寺・蛸薬師	京都府京都市中京区新京極通蛸薬師下ル東側町五〇三

	吉田寺	奈良県生駒市斑鳩町小吉田一－一－一三
	淡島神社	和歌山県和歌山市加太一一六
	菅生神社	香川県三豊市辻池の向
	大山祇神社	愛媛県越智郡大三島町宮浦三三二七
	住吉神社・淡島さま	福岡県北九州市門司区奥田四－九－五
	淡島神社	大分県西国東郡真玉町二一四四－一二
	長浜神社	大分県大分市長浜町一－八－七
痔	熱田神社・織部灯籠の火あげ石	大阪府松原市別所六－五－二八
	広田神社	大阪市浪速区日本橋西二
	長田神社	兵庫県神戸市長田区長田町三－一－一
	五輪さま	愛媛県東宇和郡野村町富野川舟阪
イボ・タコ取り	いぼ稲荷	山形県新庄市中山
	松山寺・イボ神さま	福島県いわき市勿来町関田寺下四二
	両神神社	埼玉県秩父郡小鹿野町両神薄二二六七
	成就院・蛸薬師	東京都目黒区下目黒三－一一
	長全寺・イボ取り地蔵	東京都青梅市成木三
	石宮神社・いぼ石	山梨県北巨摩郡小淵沢町岩窪
	西涼寺・いぼ取り地蔵	山梨県都留市中央四－四
	小久米神社・いぼ池	富山県氷見市古久米
	金沢神社・いぼ取り石	石川県金沢市兼六公園一－三
	園林寺・イボ地蔵	福井県三方郡美浜町宮代八－二
	イボ神さん	兵庫県氷上郡山南町和田字北町裏一二六二
	東林寺・いぼ取り地蔵	島根県松江市外中原町三五八
	いぼ地蔵	広島県広島市安佐南区祇園一
	宮尾八幡宮・いぼ地蔵	山口県宇部市西方倉

	イボカミサン	香川県さぬき市大川町冨田中
	いぼ神さま	愛媛県西条市黒谷
	いぼ神さま	福岡県京都郡みやこ町国作
	いぼ神さま	福岡県豊前市久路土
	いぼ地蔵	熊本県山鹿市鹿央町上千田
疱瘡・はしか	若木神社	山形県東根市神町六〇三三
	はしか地蔵	栃木県矢板市早川町一七四
	慈眼寺・天城山疱瘡神宮	静岡県賀茂郡河津町梨本
	薬師如来	福岡県筑紫郡太宰府町水城
	十六羅漢	福岡市鞍手郡宮田町宮田四五八二
断ち事	満福寺・三鬼さま	栃木県栃木市旭町二二－二七
	一心寺	大阪府大阪市天王寺区逢坂二－八－六九
	生駒聖天・宝山寺	奈良県生駒市門前町一－一
縁切	門田稲荷	栃木県足利市八幡町二
	縁切榎	東京都板橋区本町一八－九
	法雲寺・菊野大明神	京都府京都市中京区河原町通二条上ル清水町三六四－一
	於古能地蔵	福岡県早良区野芥四

あとがき

寺社の拝殿はもちろんのこと、村や町の小祠小堂にいたるまで、日本全国津々浦々、絵馬のない地方はないといってもよい。それは多くの人々が祈りを込めて奉納した、心あたたまる「祈りの記念物」である。描かれた絵はさまざま、人々が自らの悩みを解きほぐしてほしいと、切々と訴えた絵画的表現である。それは広く共感を呼び、いかな名画も遠く及ばない、「心願の民画」ともいえるものである。

今日からみれば、かつての人々は思いもよらぬ「ゆとり」と「間合い」をとる術を身につけていたらしい。そうした心性と生活態様が、切実な願いでありながら、おおらかに、ときに戯画的に表現する術を心得ていて、見るものをして楽しませてもくれる。

ところで、現在の絵馬は多く印刷手法で制作され、図柄も画一化される傾向にあるようにもみえる。もちろん、それなりに洗練されているようには思えるが、神と人との心の通い、人と人との共感性はいささか欠けるような感を覚える。

こうした思いから、もっとも画題の豊富になった江戸時代の文化・文政期の絵馬の系譜を、現代まで継承してきたといえる絵馬を軸に、それに類する絵馬を挙げて、先人の奥深い心意と卓抜した才覚に触れたいと、ここに本書を編んだ次第である。

ここで思い起こされるのは今から四十数年前のことである。私が大阪市立博物館の学芸員であった昭和三十八年（一九六三）、全国の博物館でも初めての絵馬展であった特別展「上方の絵馬」を企画開催した。大絵馬は畿内の著名社寺から名だたる作品を多く出品いただいたが、小絵馬は上方のみならず全国的に約二百点、大阪の梅谷秀文氏、京都の西村博之氏に出品をお願いした。そのさい、一点一点の写真撮影とその活用を許諾され、その後も折々に使用させていただいた。

今回もそうした資料が中心となるが、武蔵野美術大学美術資料図書館、沖田憲氏、祐生出会いの館、稲田セツ子氏をはじめ多くの方々にお世話になった。

なお、本書のなるについては、二玄社美術部の渡辺敏子氏に編集はもとより、数々のお手数をおかけした。厚く御礼申しあげます。

平成十九年七月

岩井宏實

凡例

・図版は、武蔵野美術大学美術資料図書館民俗資料室の所蔵品を中心に構成した。

・他に祐生出会いの館、徳島県郷土文化会館、平塚市博物館、静岡市立芹沢美術館、祈願堂の取材協力を得た。

・所蔵機関名は図版下のキャプションに略記した。武蔵野美術大学美術資料図書館民俗資料室は(M)、祐生出会いの館は(Y)、徳島県郷土文化会館は(T)、平塚市博物館は(H)、静岡市立芹沢美術館は(S)、祈願堂は(K)で表記した。

・巻末で取り上げた社寺の住所は、一部町名変更なども懸念されるが、現状を出来る限り調査した。

(取材協力)

武蔵野美術大学美術資料図書館民俗資料室
祐生出会いの館
徳島県郷土文化会館
平塚市博物館
静岡市立芹沢美術館
祈願堂

(編集協力)

茨城・笠間稲荷神社
埼玉・小鹿野町産業観光課
埼玉・法養寺
埼玉・東松山市役所商工観光課
東京・法明寺(鬼子母神)
東京・湯島天神
東京・板橋区役所生涯学習課
東京・大国魂神社
東京・成就院(蛸薬師)
東京・神社庁図書室
岐阜・素玄寺
島根・出雲大社
京都・車折神社
奈良・興福寺
奈良・生駒聖天
兵庫・長田神社
丸山 永二

岩井宏實（いわい　ひろみ）

昭和7年（1932）奈良県生まれ。立命館大学大学院修士課程修了。文学博士。大阪市立博物館主任学芸員、文化庁文化財調査官、国立歴史民俗博物館教授・民俗研究部長、帝塚山大学長、大分県立歴史博物館館長を経て、現在国立歴史民俗博物館名誉教授、帝塚山大学名誉教授、大分県立歴史博物館顧問。著書に『地域社会の民俗学的研究』『絵馬　ものと人間の文化史』『曲物　ものと人間の文化史』（法政大学出版局）『妖怪と絵馬と七福神』（青春出版社）などがある。

絵馬《えま》に願《ねが》いを

二〇〇七年九月一五日　発行

著者　岩井宏實

発行者　黒須雪子

発送所　株式会社 二玄社
〒一〇一-八四一九
東京都千代田区神田神保町二-二
営業部
〒一一三-〇〇二一
東京都文京区本駒込六-二-一
電話　〇三-五三九五-〇五一一

装丁・デザイン　中野渡美絵（C.D.A.INC）

印刷　図書印刷

製本　積信堂

ISBN978-4-544-02333-6

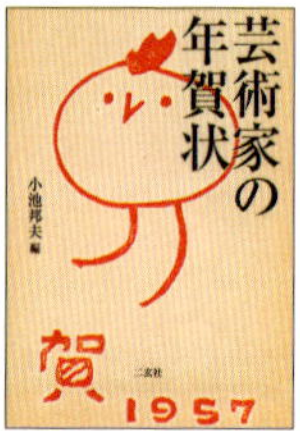

時代の香を漂わす年賀状255通。

芸術家の年賀状

小池邦夫 編

時代の雰囲気を伝える初公開の名品が、年賀状百年の軌跡を如実に描き出す。浅井忠から棟方志功・東山魁夷まで、明治・大正・昭和にわたる芸術家68人が、新年を祝うべく腕を振るったハガキ255通を集成。　B5判・152頁●2500円

年賀に込めた美の世界277通。

続芸術家の年賀状

山田俊幸 編

明治の奥原晴湖から現代の柄澤斉まで、芸術家73名が趣向を競った277通の年賀状。本書は戦前から戦後にかけて、時代の雰囲気を色濃く伝える版画を多数収録した。好評「芸術家の年賀状」の続編。　B5判・152頁●2500円

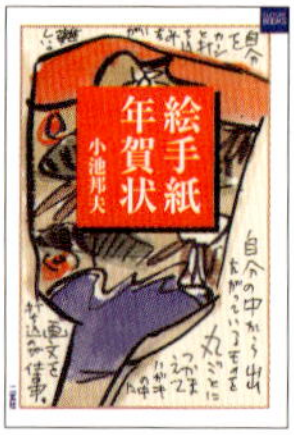

自分らしい年賀状へのヒントを提示。

絵手紙年賀状

小池邦夫 著

絵手紙の提唱者によるオリジナルの年賀状84通を収録。正月にちなんだ絵柄とともに著者独特の含蓄に富んだ言葉も所々にちりばめられています。年賀状に添えた珠玉のエッセイも本書の魅力を倍加します。　A5判・96頁●1000円

手軽に作るオシャレな年賀状。

お芋で年賀状

小町谷新子 著

絵更紗の描法を応用し、サツマイモでも木版画のような味わいある版画が作れる事を紹介。松竹梅、十二支の動物、慶祝の花々など年賀状用の作例65点を収録。作りやすい作例を写真入りで詳しく解説。　A5判・96頁●1000円

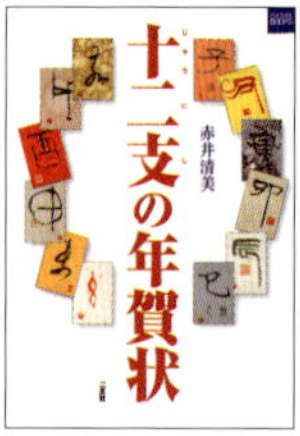

十二支をすべての書体であらわす作例集。

十二支の年賀状

赤井清美 著

「えと」の字で作った年賀状をそろえました。古代の甲骨・金文から仮名まで、あらゆる書体を集め、瀟洒な料紙に干支印を添えて、一味違った年賀状作りのお手伝いをします。文字の年代表・干支表を附録。　A5判・96頁●1000円

二玄社〈本体価格表示・消費税が加算されます。平成19年8月現在。〉http://nigensha.co.jp